MÉMOIRES
POUR SERVIR A L'HISTOIRE
DE LA
MAISON DE CONDÉ.

Cet ouvrage, imprimé sur les manuscrits autographes, contient la vie du Grand-Condé, écrite par feu monseigneur le prince de Condé, la correspondance de ce prince avec tous les souverains et princes des familles royales de l'Europe.

TOME PREMIER.

A PARIS,

CHEZ L'ÉDITEUR, RUE DES BONS-ENFANTS, N°. 34.

M. DCCC. XX.

MÉMOIRES

POUR SERVIR A L'HISTOIRE

DE LA

MAISON DE CONDÉ.

DE L'IMPRIMERIE D'Anth^e. BOUCHER,

SUCCESSEUR DE L.-G. MICHAUD,

RUE DES BONS-ENFANTS, N°. 34.

AVANT-PROPOS.

Le malheur des hommes célèbres est de ne pouvoir échapper à la plume des mauvais écrivains. Aucun d'eux ne l'a plus éprouvé que le Grand-Condé. Si l'aigle de la chaire a redit sa gloire à l'univers, un Labrune, un Coste, un Montville, un Perrault, un Turpin, ont osé tracer de grossières ou d'infidèles ébauches de son portrait. L'ouvrage de Désormeaux est le seul qu'on lise encore; mais on y cherche l'historien, et l'on n'y trouve que le panégyriste. Quelle aridité dans sa diffusion! quelle absence de toute critique, de toute notion militaire! Le héros est plus ressemblant, plus vivant dans l'oraison funèbre de Bossuet, que dans la grande histoire de Désormeaux (1).

---

(1) Un fait surprenant, mais très réel, c'est que les actions de guerre sont plus fidèlement décrites dans l'énergique concision de l'illustre prélat. Je citerai, pour premier exemple, la bataille de Rocroi.

Tel était, sans doute, le jugement que portait de ces divers ouvrages le dernier prince de Condé, lorsqu'il entreprit d'écrire lui-même la vie de son immortel Aïeul. On lui appliquera ce qui fut dit de César : *Eodem animo scripsit quo bellavit.*

Sa narration est simple, claire, rapide ; ses réflexions concises et judicieuses. Passionné pour la gloire de son héros, la vérité prévaut cependant toujours en lui sur l'admiration.

Parle-t-il du siége de Lérida, par exemple, et de la tranchée ouverte devant cette place au son des violons ? il ne cherche même pas à alléguer l'antique usage d'Espagne : « Ce n'est point faire
» injure aux grands hommes, dit-il, que
» d'avouer leurs erreurs. Un peu trop
» de présomption égara, sans doute,
» en ce moment, un jeune prince que
» la fortune avait toujours favorisé jusqu'alors ; et quand le succès du siége
» aurait été plus heureux, les violons

» seraient toujours de trop dans son
» histoire comme dans la tranchée. »

Le cours des événemens conduit-il l'auguste historien à retracer des exploits que désavoue la fidélité? Il ne daignera pas recourir à l'ingénieux stratagème de la muse de Chantilly. Il n'arrachera pas les feuillets de son livre; mais il y consignera ce que la sévère équité veut qu'il dise à-la-fois, et du grand guerrier et du sujet coupable : les lignes de Valenciennes forcées, la délivrance de Cambrai, sont rapportées comme de beaux faits d'armes ; mais cette gloire est acquise sous les drapeaux de l'Espagne, et l'écrivain ne se souvient qu'il est le petit-fils du vainqueur, que pour pleurer sur *les malheurs et l'aveuglement du rebelle.*

Ces paroles furent tracées avant l'horrible révolution qui attaqua la monarchie jusque dans ses fondemens, qui vit tant de fois couronner la rébellion et le parjure. Le noble prince qui professait de si saintes maximes, pouvait-il prévoir alors qu'il lui était réservé, comme à son Aïeul, de porter un jour ses drapeaux et ses armes sur la terre étrangère? Mais, plus heureux, on oserait dire plus grand que lui, au sein de l'adversité, sur sa bannière brillent toujours les lis qu'il porte dans son cœur. S'il combat des Français égarés, c'est pour délivrer la France de ses tyrans, c'est pour lui rendre son Roi, son honneur, sa prospérité!

La modestie, qui avait déterminé l'auguste auteur à ne donner à son ouvrage que le titre d'*Essai sur la vie du Grand-Condé*, ne lui permit pas de le rendre public. A peine était-il connu des familliers les plus intimes du Palais-Bourbon et de Chantilly. La révolution, qui a déplacé tant de propriétés, fit tomber celle de ce précieux manuscrit en des mains étrangères. Le nom du héros et celui de l'historien, les sources authentiques et jusqu'alors fermées pour tout autre que pour lui, où il avait eu la faculté de puiser, tout garantissait le succès de l'ouvrage ; mais tout le dénonçait aussi d'avance au jaloux étranger qui était assis sur le trône de nos rois. Pouvait-il supporter l'éclat de la gloire d'un Condé, d'un Bourbon, l'homme qui, pour se venger d'importunes renommées, avait exilé Moreau, avait étranglé Pichegru ? Le jour qui vit paraître l'ouvrage si cher à tous les cœurs français, le vit condamner et saisir par l'usurpateur Corse.

On ne sent que trop quelle précipitation avait dû présider au travail des éditeurs! Quelques incorrections du manuscrit les avaient forcés à des substitutions hasardées, quelques lacunes à des remplissages qui faisaient disparate ; enfin, la ponctuation même était tellement négligée et fautive, que des membres de phrases se trouvaient rejetés dans les phrases voisines. Cette confusion, ces altérations du texte original ont disparu ; et c'est enfin l'ouvrage du prince de Condé, que, sous d'augustes auspices, on présente aujourd'hui aux nombreux admirateurs de l'aïeul et du petit-fils.

Quelque grand que soit cet avantage, ce n'est pas le seul qu'ait cette édition sur la précédente. On s'est plu à l'enrichir de tout ce qui peut ajouter à l'intérêt et contribuer à l'embellissement. Sont-ce même de simples embellissements que des *fac-simile* de lettres autographes de trente personnages célèbres des deux derniers siècles et du siècle présent, tels que le *Grand-Condé* (héros de cette histoire), *Louis XIV*, *Anne d'Autriche*, *Gaston d'Orléans*, *Turenne*, *Mazarin*, *Louvois*, le *prince de Condé* (auteur de l'ouvrage), *Louis XVIII*, Monsieur (comte d'Artois), Madame (duchesse d'Angoulême), les ducs d'*Angoulême* et de *Berri*, les empereurs de Russie *Paul* et *Alexandre*, les impératrices *Catherine* et *Marie*, les empereurs d'Autriche *Léo-*

pold et *François*, les rois de Prusse, de Suède, de Sardaigne, etc.? Ces lettres font partie de correspondances politiques qui existent en original, et qui, pour la première fois, voient le jour. On en a extrait avec soin toutes les pièces qui servent à l'intelligence et à la preuve des faits.

La vie du dernier prince de Condé a été rédigée, d'après des documents non moins authentiques, par M. L. de Sévelinges, chevalier de l'ordre royal et militaire de Saint-Louis. Au nombre de ces Français fidèles, rassemblés, pendant le règne du crime, sous l'étendard des lis, il a pu quelquefois décrire les événements comme témoin oculaire.

Le rang où le sort m'a fait naître, l'éducation que j'ai reçue, le nom que je porte, et la carrière que j'ai suivie m'ont sans cesse remis sous les yeux, la célébrité du plus illustre de mes pères ; à peine pouvois-je entendre, que mes oreilles ont été fortement frappées du nom du Grand Condé ; mes instituteurs m'en ont parlé par devoir, mes parents pour élever mon ame, mes amis pour encourager mon zèle, tout le militaire enfin par l'enthousiasme toujours subsistant, que ce héros inspire, et par bonté, pour un de ses descendants ; quoique j'aye toute ma vie, dévoré son histoire, beaucoup de particularités, beaucoup de dattes, échappoient à ma mémoire et quand l'on en parloit devant moi, j'étois honteux, de ne pouvoir pas dissiper avec certitude les doutes qui s'élevoient dans la conversation, sur quelques faits, ou quelques époques de la vie de mon trisayeul ; pour m'éviter cette petite humiliation, car c'en étoit

une a mes yeux, j'ai pris la plume, pour
inculquer mieux dans ma memoire, tout ce qui
avoit rapport à ce grand homme; je comptois
prendre simplement des notes, dans la plûpart des
livres qui parlent de lui; mais l'admiration et
l'interêt, que m'inspiroient sa vie, prolongeoient malgré
moi, le charme que je trouvois a m'en occuper, et
je me suis trouvé, sans m'en appercevoir, avoir fait
un ouvrage plus considerable, que l'espece d'Abregé
Chronologique, que je m'étois proposé; on trouvera
sans doute que mon stile se ressent et de mon
premier projet et du sentiment profond qui
l'a dicté; je n'ai pu m'astreindre a cette
marche uniforme, sage, et moderée, qui caracterise
l'Histoire; je me suis entierement abandonné, a
ma façon de sentir et mes reflexions, a mes

idées j'espere que mes lecteur, si jamais j'en ai me rendront la justice d'être persuadé que cette espece de desordre, loin d'être une pretention, ne laisse a cet Essai d'autre merite a mes yeux que celui d'avoir occupé dignement mes loisirs

Louis Joseph de Bourbon.

INTRODUCTION.

Du mariage de Charles de Bourbon, duc de Vendôme, prince du sang, avec Françoise d'Alençon, naquit à Vendôme, le 7 mai 1530, Louis de Bourbon, premier prince de Condé, frère puîné d'Antoine de Bourbon, roi de Navarre, issu de la même alliance, prince moins digne d'avoir donné le jour à Henri IV, que ne l'eût été Louis de Bourbon, que l'ordre de la nature fit son cadet, et que ses grandes qualités placent dans celui des événements bien avant son aîné. Ce prince épousa en 1551, Eléonore de Roye, dont il eut le 29 décembre 1552 Henri Ier., prince de Condé.

1515.

1530.

1551.
1552.

A l'avènement de François II au trône, trois factions divisaient la Cour, celle des Princes du sang, Antoine et Louis de Bourbon, celle des Guise, et celle des Montmorency. La reine Catherine de Médicis se déclare pour les Guise. Le prince de Condé, mécontent depuis long-temps de ne pas avoir dans les affaires la part qu'il croyait due à sa naissance, indigné de la préférence que la reine donne à des étrangers, se livre à l'impulsion de son génie vif et entreprenant, se lie avec Coligny et d'Andelot, par-

1559.

tisans déclarés du calvinisme que le prince professait aussi; première source des troubles de la France dans les règnes suivants, et des égarements des princes de la maison de Condé, à qui il ne manquait, peut-être, que d'être moins grands, pour se conduire avec plus de modération.

1560. De là, la conjuration d'Amboise, pour s'emparer de la personne du roi, se délivrer du joug des Guise, arracher un édit pour la liberté de conscience, et mettre toute l'autorité dans les mains du prince de Condé; le secret est trahi; le prince, l'ame de la conjuration, en attend l'effet à la cour; il est arrêté sur des soupçons, sans pouvoir être convaincu; il se justifie en plein conseil avec la plus grande éloquence, on le remet en liberté : son génie ardent et ambitieux le décide à former une nouvelle conjuration moins fameuse que la première, avec aussi peu de succès, et dont il ne fut pas plus convaincu.

François II le mande aux états-généraux d'Orléans, ainsi que le roi de Navarre, en leur promettant toute sûreté. A peine y arrivent-ils, qu'ils sont arrêtés, et le prince de Condé mis en prison. On nomme des commissaires pour instruire son procès; il refuse de leur répondre, et demande à être jugé, selon son droit, par la cour des Pairs. Sans avoir égard à sa juste réclamation, on prononce son arrêt de mort; le roi tombe malade et meurt. Alors les affaires du prince de Condé changent de face; il ne dut la vie et la liberté qu'à la politique de la reine-régente, qui ne voulait pas anéantir un parti, dans la crainte de donner trop de puissance à l'autre. En conséquence, elle réconcilie, en apparence, les princes du sang et les Guise ; mais ils gardent dans le fond de leur cœur cette sanglante haine qu'une contrainte momentanée ne fit bientôt éclater qu'avec plus de rage et d'acharnement. Le connétable de Montmorency, par les intrigues de la reine-mère, s'unit au duc de Guise et au Maréchal de Saint-André. Le roi de Navarre, par des vues d'intérêt, embrasse le parti catholique, et laisse, par cette conduite, le prince de Condé seul chef du parti huguenot. La reine, effrayée de la puissance de ce même parti qu'elle venait d'élever, voulant toujours balancer les factions l'une par l'autre, sollicite le prince de Condé de venir tirer le roi des mains du triumvirat. Le prince sut faire valoir un moyen si spécieux ; son adresse et son ambition lui forment en peu de temps une armée ; il s'empare d'Orléans ; plusieurs villes considérables se déclarent en sa faveur ; il livre le Hâvre aux Anglais pour acheter leur secours. Le roi de Navarre meurt à Rouen, pris et saccagé par les catholiques. Les deux partis font venir des troupes allemandes ; les armées combattent à Dreux, le prince de Condé est pris, le duc de Guise le traite avec la plus grande générosité ; ils couchent dans le même lit, traitement en usage alors ; la paix se fait, et ne

1561.

1562.

1563.

fut pas de longue durée. Éléonore de Roye, princesse de Condé, meurt le 23 juillet. Le prince épousa dans la suite, en secondes noces, Françoise d'Orléans-Rothelin. La seconde guerre civile se déclare. Le prince de Condé entreprend d'enlever le roi à Meaux ; maître de sa personne, il le devenait du gouvernement : ce projet n'a point de succès. Bataille de Saint-Denis, dont l'événement fut fort douteux, quoique l'armée opposée au prince de Condé fût trois fois plus forte que la sienne. Seconde paix, avantageuse pour les calvinistes. La reine, pour en assurer la durée, veut faire arrêter le prince de Condé, qu'elle regardait, avec raison, comme le chef de la faction. Cette entreprise manque par la retraite du prince à la Rochelle, et devient le signal d'une troisième guerre civile. Les huguenots, soutenus par les Allemands et les Anglais, reprennent les armes. Bataille de Jarnac ; le prince de Condé, après avoir combattu long-temps avec deux blessures, affaibli par la quantité de sang qu'il perdait, descend de cheval au pied d'un arbre. On le désarme pour le panser ; il venait de se rendre à ses ennemis.... En cet état, un monstre, nommé Montesquiou, ose l'assassiner d'un coup de pistolet. Le génie et la valeur de ce prince méritaient sans doute une mort moins funeste. On ne peut s'empêcher de regretter qu'il n'ait fait qu'un usage condamnable des grands talents qu'il avait reçus de la nature ; mais ne peut-on

1564.
1567.

1569.

pas en accuser, avec raison, le malheur des temps plus que son cœur ? Un prince du sang de France est trop intimement lié par son existence et son intérêt personnel à la majesté du trône, pour pouvoir être jamais soupçonné de chercher à l'ébranler; mais il peut se tromper dans les moyens qu'il se croit forcé de prendre pour en soutenir ou relever l'éclat, et les erreurs des grands font quelquefois le malheur public.

Henri Ier., deuxième prince de Condé, devient à dix-sept ans le chef de sa branche; il ne succède point au titre de chef du parti Huguenot, qui passa à son cousin-germain et à son aîné le prince de Béarn (depuis, Henri IV). Il paraît que la plus étroite amitié unissait ces deux princes. Ils arrivèrent ensemble à la cour le 17 août; on délibère s'ils ne seront point compris, peu de jours après, dans l'affreux massacre de la Saint-Barthélemy : on ne les en excepte qu'en les forçant à opter entre la religion catholique ou la mort. Le prince de Condé, malgré son âge tendre, paraît d'abord inflexible; il cède cependant, ainsi que le prince de Béarn : ces conversions arrachées ne durèrent pas long-temps. La même année, le prince de Condé épouse Marie de Clèves, qui mourut sans postérité quelques années après. Aussitôt après la mort de Charles IX, le prince de Condé reprend la religion de ses pères; et le prince de Béarn ne tarde pas à suivre son exem-

1572.

1574.

1585. ple : ils sont excommuniés par le pape Sixte V. Le parlement de Paris fit les plus grandes remontrances à ce sujet ; il y eut même un avis pour faire brûler la bulle par la main du bourreau. Les deux princes
1586. en appelèrent à un concile. Le prince de Condé se
1587. remarie avec Charlotte de la Trémoille. Bataille de Coutras : le prince de Condé s'y conduit en bon cadet de Henri IV, ainsi qu'il le lui avait promis avant la bataille. Ce prince meurt à Saint-Jean-d'An-
1588. gely, le 5 mars, laissant sa femme enceinte ; elle accoucha le premier septembre de la même année de Henri II, troisième prince de Condé. Cette princesse fut vivement soupçonnée d'avoir empoisonné son mari, mais il n'en existe aucune preuve ; il y a même un arrêt du parlement qui la justifie pleinement. On s'est plu à répandre de faux bruits sur la légitimité de la naissance de Henri II, prince de Condé, en publiant qu'il était né treize mois après la mort de son père. Toutes les histoires dignes de foi s'accordent sur les époques que je viens de citer ; et les recherches du père Griffet, imprimées il y a quelques années, ne laissent aucun doute sur l'atrocité d'une pareille calomnie.

La vie de Henri Ier., aussi courte que celle du prince Louis, fut moins semée d'événements ; moins ambitieux que son père, sa religion, plus que son penchant, le fit tomber dans les mêmes erreurs. Son extrême valeur, ses grandes qualités eussent été plus connues et plus célébrées par l'histoire, si la vérité, son seul guide, ne la forçait pas de nous montrer toujours ce prince dans les événements et dans les dangers, à côté du prince de Béarn; mais s'il est moins brillant de n'occuper que la seconde place, il est toujours beau de né perdre quelqu'éclat qu'à l'ombre des vertus et des lauriers de Henri IV.

Henri II, troisième prince de Condé, épousa Charlotte-Marguerite de Montmorency. La même année, l'amour de Henri IV pour cette princesse, force le prince à se retirer avec elle à Bruxelles; il revient à la cour après la mort de ce monarque, et s'en retire une seconde fois par mécontentement; il y fut ramené la même année par le traité de Sainte-Menehould, qui accordait aux mécontents à-peu-près ce qu'ils voulaient. Deux ans après, les débats entre la cour et le parlement, et la trop grande puissance du maréchal d'Ancre, le déterminent à se retirer encore de la cour. Les protestants se déclarent pour lui; il publie un manifeste; la guerre civile s'appaise par une paix trompeuse. Le prince revient à la cour; il est arrêté au milieu du Louvre par Themines. Luynes, favori de Louis XIII, lui procure sa liberté pour s'en faire un appui: ce prince, depuis lors, n'entra plus dans aucun parti contre le roi.

1609.

1613.

1615.

1616.

VIE

DU GRAND-CONDÉ.

A travers mille feux, je vois Condé paraître,
Tour-à-tour la terreur et l'appui de son maître.
(VOLTAIRE.)

LIVRE PREMIER.

Louis de Bourbon, deuxième du nom, duc d'Enghien, puis prince de Condé, connu sous le nom de Grand-Condé, naquit à Paris le 7 septembre 1621. La célébrité de sa vie fait regretter que l'Histoire n'ait pas recueilli avec plus de soin les traits de sa première enfance. Tout est intéressant dans la vie des héros; dans cet âge tendre, dont la faiblesse paraît le seul partage, quelquefois un sourire, un geste, un mot, un mouvement de colère ou de joie,

1621.
Naissance du Grand-Condé.

selon l'objet qui l'excite, annoncent un germe d'énergie qui croît avec la force, se développe avec les organes, et qu'on se rappelle avec intérêt, quand l'âge de raison et les circonstances font paraître le héros dans tout son jour.

Son éducation.Le duc d'Enghien fut élevé à Bourges où le prince de Condé faisait, alors, sa résidence ordinaire et présidait lui-même à son éducation. Le jeune prince faisait ses études au collége des jésuites de cette ville, sans y demeurer; la seule distinction qu'il eût en classe, était une chaise entourée d'une balustrade. La facilité qu'il avait pour apprendre, et ses progrès dans tous les genres, décelèrent bientôt un esprit au-dessus du commun : à huit ans il savait le latin; à onze, il composa un traité de rhétorique, et soutint des thèses en philosophie avec le plus grand succès. Il allait passer quelques mois de l'été au château de Montrond, qui appartenait au prince son père, et pour mieux juger de l'instruction de son fils, il lui avait ordonné de ne lui écrire qu'en latin. Il paraît, par quelques-unes de ses lettres, que le goût du jeune prince pour la chasse, se manifesta dans les premiers moments avec cette chaleur qui, dans la suite,

caractérisa toutes ses actions, et qui devait produire un jour tant de troubles et tant d'exploits. Le prince de Condé, craignant que cette passion ne détournât son fils de ses études, lui ordonna de réformer ses chiens. Le duc d'Enghien, alors âgé de quatorze ans, obéit dès le lendemain, et il avoue même à son père, dans une réponse pleine de respect et de tendresse, qu'il s'était livré à cet amusement avec trop d'ardeur. Le jeune prince aimait beaucoup le séjour de Montrond ; mais son père, bien plus occupé de soigner son éducation que de flatter ses goûts, abrégeait souvent le temps qu'il lui permettait de passer à sa campagne. Le duc d'Enghien, dans une de ses lettres latines, datée de Bourges, du commencement d'octobre, se plaint avec autant de douceur que de franchise de l'ordre précis qui l'avait rappelé si promptement à la ville. « Le beau temps, dit-il, *et adolescentis au-*
» *tumni jucunda temperies*, l'invitaient à faire
» un plus long séjour dans un lieu où il n'a-
» vait jamais éprouvé un moment d'ennui ;
» mais il ajoute que les ordres de son père
» seront pour lui, toute sa vie, la chose du
» monde la plus sacrée, etc. »

Le prince de Condé fit venir son fils en

Bourgogne, pendant le siége de Dôle dont il fut chargé, siége qu'il reçut ordre de lever sur la nouvelle de l'entrée des Espagnols en France par la Picardie. Le duc d'Enghien écrivait de Dijon à son père : « Si mes desirs » étaient accomplis, je serais au camp pour » vous y servir, soulager vos douleurs (1) et » prendre part à vos peines..... Je lis avec » contentement les héroïques actions de nos » rois dans l'histoire; en voyant de si beaux » exemples, je me sens une sainte ambition » de les imiter.... mais ce m'est assez, pour » maintenant, d'être enfant de desir et de » n'avoir d'autre volonté que la vôtre. »

1638.

Entrée du Grand-Condé à la cour.

Le duc d'Enghien entra dans le monde à la naissance de Louis XIV et de son siècle; il y fut accueilli avec cet intérêt qu'inspire toujours un jeune homme aimable, d'une figure noble et d'un rang élevé; mais ce qui le frappa le plus à la cour, fut en même temps ce qui le choqua davantage. Il fut révolté, dès le premier moment, de l'étonnante puissance de Richelieu, de l'éclat qui l'environnait et du faste inouï que ce ministre arrogant osait af-

---

(1) Ce prince était alors attaqué de la gravelle.

fecter même sous les yeux de son maître : il fallait presque toujours au duc d'Enghien un ordre de son père pour le décider à aller chez le cardinal, et c'était, à dix-sept ans, la plus grande preuve qu'il pût donner de son obéissance. La princesse sa mère sentit qu'il pouvait être dangereux pour son fils d'être sans cesse occupé d'un despotisme qui révoltait autant son ame jeune et fière. Elle tâcha de le distraire de ce qui se passait à la cour, en rassemblant chez elle la société la plus illustre et la mieux choisie; elle le conduisit à l'hôtel de Rambouillet, où se rassemblaient alors la plus haute noblesse des deux sexes et les gens de lettres les plus éclairés. Le jeune prince y parut avec le plus grand succès, et le goût des sciences et des arts fut son premier pas vers la gloire, comme il devait être un jour le terme et la récompense de ses travaux.

Dès 1639, le prince de Condé envoya son fils commander en Bourgogne. Il s'y acquit l'estime et la confiance de tous les ordres, et son père lui permit de faire sa première campagne sous les ordres du maréchal de la Meilleraye. Il se distingua par sa valeur au siége d'Arras. Ce fut au retour de cette campagne, que le prince de Condé, dont les intérêts

1640. Première campagne du Grand-Condé.

étaient extrêmement liés alors avec ceux du cardinal, lui fit épouser le 11 février 1641, Claire-Clémence de Maillé-Brézé, nièce de ce ministre. Ce jeune prince fit des prodiges de valeur aux siéges de Collioure, de Perpignan et de Salces. En revenant, il passa par Lyon, et négligea de voir l'archevêque de cette ville, frère du cardinal. Le ministre impérieux s'en plaint au prince de Condé, qui fait repartir son fils sur-le-champ, uniquement pour aller réparer ce qui avait tant déplu au cardinal. Le ministre était implacable et tout-puissant, le prince idolâtrait son fils : la nature parla dans cette occasion, et la dignité se tut.

Richelieu meurt; les deux princes réclament sur-le-champ les droits de leur naissance, et font assurer aux princes du sang, sur les cardinaux, une préséance que le feu cardinal avait usurpée. Louis XIII déclare le prince de Condé, chef des conseils, et donne au duc d'Enghien le commandement de l'armée qui devait couvrir la Champagne et la Picardie. Les ennemis paraissent d'abord menacer cette dernière province; mais bientôt ils se décident à se porter sur la Champagne, dont les places, en mauvais état, semblaient leur promettre des succès plus faciles, et mettent le siège devant Rocroi. Le duc d'Enghien apprend à Joigny cette nouvelle et en même temps la mort du roi. Ses amis, ou plutôt ses ennemis, lui conseillent d'abandonner la défense de la frontière, et de marcher à Paris avec son armée, pour se rendre l'arbitre de la régence. Le jeune prince rejette ce conseil perfide, et vole au secours de Rocroi. Il avait prévu le projet des ennemis, et s'était fait précéder par Gassion, qu'il avait chargé de jeter du secours dans la place, ce qui avait réussi. Le duc d'Enghien ne s'était ouvert qu'à ce seul officier-général du projet qu'il avait de livrer bataille aux ennemis, et l'avait chargé d'en reconnaître la possibilité. Brûlant d'acquérir de la gloire, il n'avait point mis dans sa confidence le maréchal de Lhôpital, qu'il savait bien qu'on ne lui avait donné que pour modérer son ardeur. Sa bouillante audace craignait peut-être un peu trop les conseils de la prudence; mais tout ce qui pouvait enchaîner sa valeur lui paraissait une honteuse timidité. Gassion, après avoir rempli son objet, était revenu au-devant du prince, et lui avait rendu compte de tous les obstacles que la nature du pays opposait à son projet: des bois épais, des marais, des défilés, servaient de

Siége de Rocroi.

rempart à l'armée espagnole, et semblaient assurer la prise de Rocroi, dont tous les dehors étaient déjà emportés. Aux approches de l'armée française, le duc d'Enghien, à qui les difficultés ne paraissaient que des moyens d'augmenter sa gloire, assemble un conseil de guerre, rend compte de la position des ennemis, ne dissimule point les obstacles, et déclare les motifs qui le décident à tout entreprendre pour les surmonter : l'audace et l'éloquence ont un empire certain sur les Français. Tout ce qui l'écoute se sent enflammé du desir de combattre : le maréchal de Lhôpital lui-même se laisse entraîner à l'avis général ; mais il se flattait en secret que les Espagnols, en défendant le défilé, empêcheraient l'action de devenir générale. Dom Francisco de Mello avait sans doute de plus grandes vues : il est vraisemblable que, comptant sur la supériorité de ses forces et de sa position, il ne voulait pas seulement arrêter l'armée française, mais que son projet était de la détruire, et que c'est pour cela qu'il ne défendit pas le défilé qui, devenant la seule retraite du duc d'Enghien, s'il eût été vaincu, assurait alors la perte entière de son armée.

Le 17 mai, l'armée française arrive à Bossut, et le duc d'Enghien fait ses dispositions pour entreprendre le lendemain le passage du défilé. Le 18, à la pointe du jour, l'armée s'en approche; on fait fouiller un bois, on ne trouve aucune résistance; on arrive au défilé, personne ne se présente. Le maréchal de Lhôpital sentit alors que le mouvement auquel il avait consenti, allait avoir de plus grandes conséquences qu'il n'avait imaginé; il fit alors tout ce qu'il put pour déterminer le duc d'Enghien à ne pas aller plus loin; mais le jeune prince lui ayant répondu d'un ton de maître qu'il se chargeait de l'événement, le maréchal ne répliqua plus, et alla se mettre à la tête de l'aile gauche, ayant sous lui la Ferté-Sennecterre. Le duc s'était chargé de l'aile droite avec Gassion; d'Espénan commandait l'infanterie; et Sirot la réserve. Le passage du défilé fut très-long et très difficile, quoique les ennemis n'y missent point d'opposition. La marche de l'artillerie, et même celle de l'infanterie, furent très retardées par la nature du pays et la difficulté des chemins. Malgré les dispositions savantes du duc d'Enghien, qui manœuvrait en avant avec sa cavalerie pour couvrir le passage du reste de son armée, il était perdu, si le général espagnol l'avait attaqué dans ce moment; mais la fortune de la France, et les destinées d'un héros, décidèrent autrement de cette fameuse journée. Le duc d'Enghien appuya sa droite à des bois, sa gauche à un marais, et se mit en bataille en présence des Espagnols, dont il n'était séparé que par un vallon. L'artillerie commence à gronder, mais le jour s'avance et les deux généraux ne veulent pas commettre au hasard de la nuit leur réputation, leur gloire et le grand intérêt qui leur est confié. Dans ce moment, le zèle indiscret de la Ferté-Sennecterre pensa perdre l'armée du duc d'Enghien, et peut-être le royaume. Cet officier-général forme, de son chef, le projet de jeter du secours dans Rocroi, sans en avoir reçu l'ordre; il ébranle sa cavalerie, la fait suivre par quelques bataillons, passe le marais, et abandonne ainsi le reste de son aile. Mello s'avance pour profiter de cette faute; le duc d'Enghien voit du mouvement et en apprend la cause; il envoie sur-le-champ ordre à la Ferté de revenir, et remédie comme il peut à son imprudence, en faisant remplir, par des troupes de la seconde ligne, le vide de la première. Mello s'arrête, et par ce retard donne à la Ferté le temps de revenir prendre sa place. Une faute qu'on ne pouvait pas prévoir avait exposé la France au plus grand des revers; une faute qu'on ne pouvait pas espérer la préserve de ce malheur, et lui prépare le plus grand des succès. A quoi, d'après cela, tient le sort des empires? Tout rentre dans l'ordre, la nuit arrive, et ramène ce calme qui, dans de pareilles occasions, ne repose que les ames fortes; des feux s'allument de toutes parts; le duc s'arrête à celui de Picardie, pour y passer la nuit, enveloppé dans son manteau. Les dispositions du général, les fatigues de la veille, l'événement du lendemain, le desir de se signaler, occupent la multitude, les chefs et les soldats. Le duc d'Enghien a donné ses ordres, et dort profondément. On le réveille au point du jour, il monte à cheval, il parcourt les rangs, il parle aux soldats avec cette éloquence mâle que le moment inspire aux grandes ames; on remarquait sur sa tête ce panache blanc consacré par le plus illustre des Bourbons à montrer le chemin de l'honneur et de la victoire. L'air, les yeux, la contenance du duc d'Enghien, ajoutaient encore à cette parure si révérée des Français, et si digne à tous égards de celui qui la portait. Aussitôt on entend de toutes parts ces cris d'ardeur et de confiance, effets étonnants de la sensibilité unie au courage, et qui font couler ces larmes étrangères à la faiblesse, et dont on ne peut se rendre compte, ces larmes délicieuses qu'il faut avoir versées pour en connaître le charme et le prix. Le duc d'Enghien, en homme de guerre, commence par faire attaquer un bois farci de mousquetaires, qui flanquait le vallon à traverser pour arriver aux ennemis. Fondre sur eux et les battre fut l'affaire d'un instant. Maître du bois, il charge aussitôt Gassion de prendre en flanc le duc d'Albukerque et la cavalerie espagnole, et l'attaque lui-même de front. Cette cavalerie est mise en déroute, et le duc d'Enghien tombe aussitôt sur l'infanterie allemande, wallonne et italienne, dont il fait un carnage affreux. La victoire se déclarait pour les Français partout où était le duc; mais il n'en était pas de même du côté du maréchal de Lhôpital : Mello l'avait repoussé vigoureusement, et profitant de son avantage, était tombé sur l'infanterie, l'avait taillée en pièces, s'était emparé de toute l'artillerie, et avait pénétré jusqu'à la réserve de Sirot, qui n'avait point encore combattu. Le duc d'Enghien apprend ce désastre en

Bataille de Rocroi.

poursuivant les troupes qu'il avait vaincues ; il prend aussitôt un parti dont le Grand-Condé seul était capable : il rassemble la cavalerie de son aile, passe par derrière toute la ligne d'infanterie des Espagnols, et vient prendre à dos la cavalerie de Mello, qui poursuivait les Français. Une attaque si imprévue y jette le plus grand désordre, et cette manœuvre hardie, soutenue par des prodiges de valeur, arrache aux ennemis un succès qui semblait leur assurer la victoire.

Il restait encore à vaincre toute l'infanterie des Espagnols ; elle était commandée par Fuentès, dont les infirmités n'altéraient ni le courage, ni les talents. La contenance fière de cette infanterie, au milieu d'une déroute presque générale, annonçait tout ce qu'il en coûterait pour la combattre. Le duc apprend dans ce moment que le général Beck arrive avec six mille hommes pour se joindre aux Espagnols ; il détache Gassion avec une partie de sa cavalerie, pour retarder ce renfort, et ne perd pas un moment pour attaquer l'infanterie ennemie avant cette jonction ; mais il éprouve la résistance la plus vigoureuse. Dès que la cavalerie française approchait, le comte de Fuentès, en faisant un feu très vif, ouvrait quelques-uns de ses bataillons, et démasquait une artillerie chargée à cartouches, à laquelle il était impossible de résister. Le duc d'Enghien ramena trois fois sa cavalerie à la charge, mais toujours sans succès. Tant de difficultés ne le rebutèrent pas, mais le déterminèrent à faire usage de toutes ses ressources. Il fait avancer sa réserve; son approche décide la victoire. Les Espagnols se voyant entourés de toutes parts, font signe du chapeau pour demander quartier. Le duc s'avance pour faire cesser le carnage. Les ennemis, accoutumés à le voir porter la mort et la destruction parmi eux, se persuadent qu'il ordonne une nouvelle attaque, et font une décharge terrible, à laquelle le duc d'Enghien n'échappe que par miracle. Les Français prenant cette erreur pour une perfidie, fondent de toutes parts sur les Espagnols, dont ils font un carnage horrible. Les vaincus se rassemblaient en foule autour du prince pour implorer sa clémence et son autorité; mais ce ne fut qu'avec des peines incroyables qu'il parvint à faire faire quartier.

Au milieu de sa gloire, il s'occupait de rassembler son armée, et se préparait à combattre encore le général Beck, qu'il croyait fort près du champ de bataille ; mais Gassion vint lui dire que la déroute s'était étendue jusqu'à ce corps, qui même avait abandonné, en se retirant, une partie de son artillerie. A cette nouvelle, le duc d'Enghien se jette à genoux à la tête de son armée, pour rendre grâces au Dieu des batailles de la victoire qu'il venait de remporter ; il embrasse ses généraux, même la Ferté-Sennecterre, et leur prodigue les éloges qu'ils méritaient, en attendant les récompenses qu'il sollicita vivement pour eux. Dans cette fameuse journée, qui ne coûta que 2000 hommes à la France, les Espagnols en perdirent plus de 16,000, 21 pièces de canon, 300 drapeaux ou étendards, et un grand nombre d'officiers, parmi lesquels on trouva le brave comte de Fuentès, dont la froide valeur avait pensé nous être si funeste, expirant à côté du brancard sur lequel il se faisait porter.

Les mêmes personnes, sans doute, qui avaient donné au duc d'Enghien, avant la bataille, le conseil de marcher à Paris avec son armée, le lui renouvelèrent après le succès ; mais il ne l'écouta pas davantage ; et sans hésiter, il préféra l'honneur de servir l'État à l'ambition de le gouverner.

La destruction presqu'entière de l'armée espagnole laissait un champ libre à ses talents. La conquête de la Flandre maritime était, sans doute, la plus brillante qu'il pût entreprendre ; mais elle était impossible sans le secours d'une armée navale qui manquait alors à la France. Les Espagnols avaient jeté toutes leurs forces dans les places de l'Escaut ; et, d'après leurs projets, s'étaient moins occupés de celles de la Moselle. Cette considération et celle des magasins établis en Champagne, décident le duc d'Enghien à proposer le siége de Thionville. La cour s'y refuse d'abord ; le duc insiste ; elle cède, et tout se prépare pour ce grand objet.

Siége de Thionville. Le duc, après avoir tâché de faire prendre le change aux ennemis sur son projet, en envoyant des détachements dans la Flandre et jusqu'aux portes de Bruxelles, se met en marche vers la Moselle, et arrive en sept jours devant Thionville, deux jours après son avant-garde, commandée par le marquis d'Aumont. La cour avait aussi porté sur ce point quelques garnisons de Bourgogne et de Champagne, aux ordres du marquis de Sèvres, qui fut tué pendant le siége. Le premier soin du duc fut d'envoyer un détachement de l'autre côté de la Moselle pour empêcher les Espagnols de porter du secours dans la ville. Grancey, que le prince chargea de cette commission, trompé par les espions, s'en acquitta mal, et laissa pénétrer un renfort de 2000 hommes. Cet événement, qui rendait nécessairement la conquête plus longue, plus coûteuse et plus difficile, affligea vivement le duc d'Enghien, mais ne le fit pas changer de résolution. Il fait commencer les travaux, et, malgré les sorties fréquentes des assiégés, établit ses lignes, construit des ponts, élève des redoutes, ouvre la tranchée le 25 juin, et démasque ses batteries le premier juillet. Le siége se pousse vigoureusement; la place est défendue de même; les assiégeants, avec des peines incroyables, parviennent à s'établir sur le chemin couvert. On travaille à combler les fossés, on attaque deux bastions à-la-fois; les Français sont repoussés, ils ne se rebutent point; partout la présence du duc d'Enghien répare ou prévient le désordre et décide le succès; mais un malheur imprévu paraît détruire toutes les espérances : la Moselle déborde, emporte les ponts et sépare tous les quartiers. Si le général Beck, qui campait sous Luxembourg, fût tombé sur les troupes qui étaient de l'autre côté de la Moselle, tout était perdu; mais l'audace et la hardiesse du duc d'Enghien avaient rendu la défaite et la timidité le partage de ses ennemis. Le mal réparé, l'occasion était perdue avant qu'ils eussent songé à profiter des avantages que le hasard leur offrait : le siége avance, le feu redouble, les attaques se multiplient ; les assiégés se défendent avec une valeur héroïque ; mais malgré tous leurs efforts , le mineur parvient jusque sous l'intérieur de la place. On n'attend plus que l'effet destructeur de ces feux souterrains pour monter à l'assaut; mais le duc d'Enghien, pour épargner le sang, fait sommer le gouverneur, et lui permet de visiter l'état des travaux. Celui-ci, convaincu de l'impossibilité de se défendre plus long-temps, se rend le 22 août, après deux mois de la résistance la plus vigoureuse.

Cette conquête rendit bientôt le duc d'Enghien maître de tout le cours de la Moselle. Pendant le siége, la princesse, son épouse, accoucha le 29 juillet, à Paris, d'un prince qui fut d'abord nommé duc d'Albret, puis duc d'Enghien, ensuite connu sous le nom de M. le prince (Henri-Jules). Après avoir mis ordre à tout, le duc remit l'armée entre les mains du duc d'Angoulême, et revint à Paris. Il y fut reçu avec ces honneurs, ces acclamations, ces applaudissements, dont une nation vive et sensible sait si bien embellir la gloire, surtout quand elle est ornée de l'éclat du rang et des grâces de la jeunesse.

Les ordres de la cour le font repartir quinze jours après, pour mener un renfort en Allemagne à l'armée du maréchal de Guébriant, qui était alors vivement pressée par le général Mercy. L'arrivée du jeune prince y fit renaître la confiance et la joie; il pourvut à la sûreté de l'Alsace et de la Lorraine, et repartit pour retourner à la cour. A son retour, la reine lui donna le gouvernement de Champagne et la ville de Stenai.

Le duc d'Orléans ayant obtenu pour la campagne suivante le commandement de l'armée des Pays-Bas, le duc d'Enghien ne commanda qu'un corps très peu nombreux dans le pays de Luxembourg. Il projette le siége de Trèves, mais il reçoit ordre de se mettre en marche pour aller joindre sur les bords du Rhin l'armée de M. de Turenne, qui se voyait forcée de céder à la supériorité de celle du général Mercy. Ce général, après avoir défait le comte de Rantzau à Tuttlingen, avait re-

1644.

pris Rothwill et assiégeait déjà Fribourg. Le duc, en arrivant à Brisach, apprend que cette place a capitulé; il sentit vivement tout ce que cette perte avait de fâcheux pour la gloire des armes du roi; mais il semblait que ce jeune prince eût enchaîné le bonheur à sa suite; sa présence le fixait ou le ramenait partout. Il ne fut pas plutôt arrivé à l'armée de Turenne, qu'il s'occupa, de concert avec ce grand homme, à venger la perte de Fribourg en attaquant l'ennemi; mais des obstacles insurmontables pour tout autre que le duc d'Enghien, paraissaient s'opposer à ses projets : un pays affreux, couvert de bois, de montagnes, de rochers et de ravins; un camp hérissé de redoutes, de chevaux-de-frise et d'abattis; en un mot, toutes les ressources de l'art employées savamment par un général aussi vigilant qu'expérimenté, ne présentaient que les horreurs d'un combat, sans en laisser entrevoir les lauriers. Mais le duc d'Enghien, dont le projet était de se rendre maître du Rhin en s'emparant de Philipsbourg, de Landau, de Mayence et des autres places qui bordent ce fleuve, sentit qu'il ne pouvait y parvenir qu'après avoir vaincu l'armée impériale. Des succès aussi décisifs que ceux qu'il se pro-

Combat de Fribourg.

posait, le déterminèrent à risquer la plus périlleuse de toutes les entreprises. Le duc, que son coup-d'œil ne trompa jamais, avait remarqué que Mercy, comptant sur la nature du terrain, avait moins entassé de retranchements sur son flanc gauche que sur le reste de sa position ; mais il fallait passer un défilé dangereux, et faire ensuite un long détour pour l'attaquer de ce côté. Le duc en charge Turenne, et se prépare à fondre en même temps sur le front de la ligne. Il était cinq heures du soir quand il jugea que Turenne pouvait être arrivé à sa destination : il donne ses ordres ; aussitôt les troupes s'ébranlent, gravissent la montagne à travers les vignes, sous le feu des ennemis, arrivent aux abattis, les attaquent, les franchissent ; et malgré la plus grande résistance, forcent les Bavarois à se retirer dans leur dernier retranchement. Tant d'obstacles vaincus avaient épuisé les forces du soldat, et semblaient avoir mis un terme à son audace. Il restait immobile sous le feu des ennemis ; sa valeur était loin de céder la victoire ; mais sa raison paraissait en douter, et ce n'était pas le moment de la réflexion. Le duc d'Enghien arrive avec le maréchal de Grammont, s'aperçoit de l'étonnement des troupes, et n'hésite point à prendre le seul parti qui pût ramener la confiance : il met pied à terre, se met à la tête du régiment de Conti, s'approche des retranchements, et y jette son bâton de commandement. Cette action hardie fut le signal de la victoire. L'ardeur d'arracher aux ennemis un trophée si précieux, décide aussitôt le soldat à risquer plutôt mille morts que d'abandonner un héros qui ne voulait commander qu'à des vainqueurs : tout s'ébranle en même temps; on attaque, on force la ligne, et la résistance la plus vigoureuse cède enfin à l'opiniâtreté des Français et de leur chef. Cependant les Bavarois se maintiennent encore dans une de leurs redoutes : la nuit approchait, et le duc d'Enghien n'avait point encore de nouvelles de Turenne. Il prend le parti de rallier son infanterie et de faire avancer sa cavalerie avec des difficultés incroyables jusque sur le sommet de la montagne; là, il fait sonner des fanfares par ses instruments militaires, pour faire entendre à Turenne qu'il est maître de ce poste important. Ce général avait trouvé plus d'obstacles que le duc d'Enghien ne comptait, et n'avait pu agir en même temps que lui. Mercy, comptant sur ses retranchements, ses abattis et ses redoutes, avait un peu dégarni son front pour porter des troupes au-devant de Turenne; cependant ce dernier était venu à bout de franchir tous les obstacles et de repousser les ennemis jusque dans leurs lignes, quand il entendit les fanfares du duc d'Enghien sur la montagne. Instruit par-là de ses succès, il veut compléter la victoire, et fait un effort vigoureux pour emporter le dernier retranchement; mais il est repoussé; les ténèbres de la nuit augmentées par une pluie continuelle, forcent les Français à suspendre les attaques, dans la ferme résolution de les recommencer avant le jour. Mais le général Mercy, qui perdait déjà plus de 6,000 hommes, ne jugea pas à propos d'attendre le combat dans sa position; il évacue pendant la nuit le retranchement dont Turenne n'avait pu se rendre maître; et couvrant sa retraite d'un feu continuel qu'il entretenait de ce côté, il gagna la montagne noire, sur le sommet de laquelle il se retrancha, sa droite s'étendant jusque sous le canon de Fribourg. Ce ne fut qu'à la pointe du jour que le duc s'aperçut de cette retraite; il voulait sur-le-champ attaquer l'arrière-garde des ennemis, mais l'extrême fatigue des troupes ne le lui permit pas; et toute la journée du 4 fut employée par le duc à tout disposer pour compléter ses succès, et par les ennemis, à ne rien négliger pour rendre ses efforts inutiles et leur position plus formidable. Elle était trop étendue pour la force de leur armée, et le duc ne laissa pas échapper l'avantage qu'il pouvait en tirer. La nuit se passa tranquillement : bientôt le jour paraît, l'excès de la fatigue a produit le repos, et le repos a ramené les forces et la confiance. Le duc fait ses dispositions ; il charge Turenne d'attaquer la gauche des ennemis sur la montagne, avec les Veymariens, d'Aumont commandant sous lui l'infanterie, et Rose la cavalerie; Léchelle faisait l'avant-garde de ce corps, avec 1,000 mousquetaires ; d'Espénan, à la tête de l'infanterie, devait attaquer l'aile droite des ennemis qui touchait à Fribourg. Il y avait une fausse attaque dans le centre ; le maréchal de Grammont commandait la cavalerie que le duc avait rangée dans la plaine, en mesure de se porter où son secours pourrait être efficace ou nécessaire. Le duc se porte en avant avec Turenne pour reconnaître les ennemis de plus près, et défend à ses généraux de rien entreprendre sans ses ordres; mais il est des hasards à la guerre que toute la prudence humaine ne saurait prévoir. D'Espénan, officier de réputation dans les armées, a su prendre sur lui, d'attaquer, pendant l'absence du duc, une redoute que les ennemis occupaient en avant de lui dans le vallon ; les Bavarois la soutinrent ; d'Espénan renforce ceux qu'il avait chargés de cette attaque. Le feu augmente ; l'Echelle, croyant que l'affaire est engagée, entame l'action de son côté ; les deux armées en sont aux mains sans que les généraux en aient donné l'ordre : le duc revint à toute bride, mais il n'y avait plus d'autre moyen de réparer la faute que de la soutenir. Déjà l'Echelle est tué, ses mousquetaires sont taillés en pièces ; les Bavarois avancent, la valeur française commence à s'étonner : le duc et Turenne font une décharge vigoureuse à la tête des Veymariens ; mais ils sont repoussés : la terreur se répand, et malgré les efforts de Tournon, de Marsin, de Grammont, tout fuit, et le duc reste, lui vingtième, à trente pas de la barricade. Voyant que son exemple ne contenait personne, il songe à pénétrer du côté de d'Espénan. Un nouveau combat s'engage encore, plus sanglant que le premier : la victoire paraît se décider pour les Français ; mais Gaspard de Mercy, frère du général, la balance encore par son intrépidité : il fait mettre à sa cavalerie pied à terre, attaque les Français, et regagne le terrain qu'avait perdu l'infanterie bavaroise; mais il en est bientôt chassé lui-même : il rallie les siens, et revient à la charge; le feu devient terrible et le succès incertain; la fin du jour approche, on n'est pas moins acharné : l'obscurité de la nuit, loin de terminer cette sanglante journée, ne fait qu'en redoubler l'horreur, et la fureur des combattants trouve l'affreux moyen de se passer du jour, en dirigeant ses coups à la lueur même qui les porte.

L'épuisement des forces fait enfin cesser le carnage; le duc d'Enghien fait enlever les blessés et rentre dans son camp. Si la victoire semblait lui échapper en ce moment, il ne pouvait s'en prendre qu'à la précipitation de d'Espénan. Le duc, en soutenant sa démarche, n'en avait pas senti moins vivement la faute; son ame forte et fière supportait impatiemment qu'un zèle indiscret lui coûtât un succès; mais le repentir de cet officier-général lui parut si sincère qu'il désarma son courroux. Le bouillonnement de son génie, si j'ose m'exprimer ainsi, le rendait quelquefois violent; mais l'honnêteté de son cœur le ramenait toujours à la bonté. Un général ordinaire se serait rebuté, sans doute, du peu de succès de cette journée; mais, au moment même où le duc d'Enghien était repoussé par l'armée bavaroise, il formait l'audacieux projet, non-seulement de la vaincre, mais même de la détruire en lui coupant toute retraite.

Mercy, qui jugeait par la vigueur des attaques qu'il avait essuyées, qu'il serait obligé de céder tôt ou tard à la valeur des troupes françaises et de leur chef, ne songeait qu'à se retirer avec honneur, mais la retraite lui paraissait, avec raison, dangereuse vis-à-vis d'un ennemi aussi entreprenant; il crut en conséquence devoir se retrancher de plus en plus dans sa position pour la rendre plus respectable, jusqu'au moment où il croirait pouvoir la quitter sans se compromettre.

Le duc d'Enghien s'occupait du projet dont j'ai parlé, mais il fallait passer des bois et des marais à la vue de l'ennemi, pour se porter sur le chemin de Fillinghen, d'où il tirait ses convois, et qui était sa seule retraite. Trois jours se passèrent à laisser reposer l'armée, et à préparer le mouvement dont le duc sentait tout le danger, mais qu'il préférait à l'incertitude d'une troisième attaque de vive-force. Le 9, à la pointe du jour, tout se met en marche, le mouvement s'exécute avec le plus grand ordre ; on parvient à surmonter les obstacles sans nombre que la difficulté des chemins étroits et marécageux présentait à chaque pas, et l'arrière-garde à laquelle le duc était resté, s'ébranle, sans être inquiétée par les ennemis.

Mercy avait jugé, en homme de guerre, le projet du duc d'Enghien, et voyant qu'il n'avait pas un moment à perdre pour assurer sa retraite sur Fillinghen, il s'était mis en marche pour s'en rapprocher. Le duc apprend cette nouvelle à Landelinghen ; et jugeant que la précipitation des Bavarois ne lui permettrait pas d'arriver à temps pour les couper dans leur retraite, il détacha sur-le-champ Rose avec 800 chevaux pour arrêter leur arrière-garde, et continua sa marche.

Mercy se voyant serré de près, et jugeant que le duc, vu la nature du pays, ne pouvait pas être en mesure de soutenir ce détachement, s'arrête, se forme, et fond avec impétuosité sur le comte de Rose : celui-ci soutient cette attaque avec la plus grande vigueur ; il entretient le combat le plus long-temps qu'il peut ; mais l'inégalité des forces l'oblige de chercher son salut dans un défilé qu'il venait de passer, et par lequel il se replie sur l'armée qui accourait à son secours. A son approche, Mercy cesse de poursuivre Rose, et ne songe plus qu'à continuer sa retraite sur Fillinghen. Il la fit avec tant de précipitation, qu'il abandonna son artillerie et ses bagages, et le duc d'Enghien le poursuivit si vivement, que Mercy ne se crut pas encore en sûreté sous Fillinghen, et qu'il marcha toute la nuit pour ne s'arrêter qu'à vingt lieues du champ de bataille. Cette triple victoire qui, par la défaite du plus grand capitaine de l'Europe, fit passer ce titre à son vainqueur, coûta 10,000 hommes aux ennemis, et près de 6,000 à la France.... Hélas ! pourquoi faut-il que les triomphes d'un héros ne puissent parvenir à nos yeux qu'à travers des flots de sang et de larmes ?

L'objet de la marche du duc d'Enghien à l'armée de Turenne, était de secourir Fribourg. Recouvrer cette place, paraissait être la suite naturelle d'un succès aussi décidé ; l'avis même des officiers-généraux était de s'en assurer ; mais le duc, à qui la retraite de Mercy laissait le choix des conquêtes, craignit d'être arrêté devant cette place tout le reste de la campagne, et pensa que la conquête de Philipsbourg, malgré son éloignement, serait plus utile. S'y résoudre, y marcher, l'entreprendre et réussir, ne furent pour lui qu'une même chose.

Il charge Champlâtreux de faire descendre de Brisach par le Rhin, dix pièces de canon, des munitions de guerre et de bouche et un pont de bateaux ; et, après s'être emparé de quelques châteaux sur sa route, il arrive devant Philipsbourg le 25 août avec 5,000 hommes d'infanterie. Avec cette poignée de monde et ses dix pièces de canon, il parvient à faire taire une artillerie de cent, à faire des travaux immenses, à repousser des sorties, à s'emparer de Guersmesheim et de Spire, par des détachements, et enfin à réduire Bamberg, l'un des meilleurs généraux de l'Europe, à capituler après onze jours de tranchée ouverte : événement tel, que s'il ne s'était point passé presque de nos jours, il paraîtrait bien plus appartenir à la fable qu'à l'histoire, mais sa réalité nous prouve que la fortune se plaît à couronner les efforts de l'activité, du talent et du génie, lorsqu'ils sont dirigés par la prudence.

Le duc d'Enghien campa son armée sous Philipsbourg, et détacha le vicomte de Turenne pour s'emparer de Worms, d'Oppenheim et de Mayence. Les deux premières villes se soumirent sans résistance; Mayence ne voulut se rendre qu'au duc en personne; il y accourt, les portes s'ouvrent, tous les corps de la ville le haranguent en latin, le jeune prince répond dans la même langue avec autant de facilité que de noblesse, et retourne à son camp. Il fait, de suite, faire le siége de Landau par le marquis d'Aumont, qui reste sur la place; il en charge le vicomte de Turenne qui venait de réduire Creutznach. Le duc, qui se rendait tous les jours aux travaux du siége, se trouve à la tranchée lorsque les ennemis arborent le drapeau blanc, et se retire pour laisser signer la capitulation à M. de Turenne, en qui ce prince reconnut toujours un digne émule, sans voir jamais un rival. La prise de Landau fut précédée et suivie de celle de Manheim et de quelques autres places; ensuite le duc laissa le commandement de l'armée à Turenne, et revint en France, où il fut reçu comme il méritait de l'être.

Le duc d'Enghien, de retour à la cour, y jouissait de toute la considération que ses succès et ses grandes qualités ne pouvaient manquer de lui attirer. L'usage qu'il en fit, fut de servir avec chaleur tous ceux qu'il estimait; et 1645.

l'on voit avec une sorte d'attendrissement ce jeune prince descendre, malgré ses grandes occupations, jusque dans le cœur de ses amis, consulter leurs inclinations, les servir quand elles étaient dignes d'eux, et souvent allier le charme de leur vie à l'élévation de leur fortune.

Le comte de Chabot aimait mademoiselle de Rohan et en était aimé : leur mariage souffrait quelques difficultés, que le duc d'Enghien sut aplanir, en le faisant élever à la dignité de duc et pair. Le chancelier Séguier était irrité de ce que la marquise de Coislin sa fille avait épousé M. de Laval à son insu. Le duc se chargea de l'appaiser ; il y parvint, et fut heureux du bonheur de ses deux amis.

Un prince de vingt-quatre ans, qui sentait aussi vivement, pour les autres, le bonheur de satisfaire la plus douce et la plus vive des passions, ne pouvait en être exempt lui-même. Mademoiselle du Vigean et quelques autres l'avaient occupé quelques moments; mais les charmes de mademoiselle de Boutteville allumèrent dans son cœur tous les feux de l'amour.

Le duc de Châtillon, un des plus intimes amis du prince, était épris du même objet et voulait l'épouser ; bientôt il s'aperçut de l'inclination du duc d'Enghien, et vint lui confier sa passion et son projet. Le jeune prince, touché d'un procédé si noble et si franc, n'hésita pas à lui promettre le sacrifice de son amour; il fit plus, il s'employa pour lui, et parvint à lui faire épouser mademoiselle de Boutteville, et il respecta, jusqu'à la mort du duc de Châtillon, les nœuds qu'il avait formés. Il y eut d'autant plus de mérite de sa part, qu'il sut se rendre maître de son penchant, sans pouvoir parvenir à le vaincre, comme la suite de cette histoire nous le fera voir.

Les traits que je viens de citer ne sont pas, sans doute, ceux qui ont mérité au duc d'Enghien le titre de Grand qu'on lui a déféré; mais ils n'en sont pas moins intéressants. Il semble qu'en lisant la vie d'un héros, on trouve du charme à se reposer quelquefois avec lui dans la douceur de sa vie privée. On aime à pouvoir accorder à un grand homme un sentiment plus paisible que celui de l'admiration ; on s'applaudit, pour ainsi dire, qu'il n'ait pas dédaigné des vertus plus à notre portée ; c'est un jour doux qui tempère l'éclat éblouissant des grandes qualités sans le ternir, et l'homme aimable fait chérir le héros.

Malgré son ame tendre et sensible, le duc

d'Enghien n'en était pas moins impétueux. Sa vivacité, dans une fête donnée chez le duc d'Orléans, lui fit casser avec colère le bâton d'un de ses exempts, qui, par mégarde, l'en avait touché au visage. Cette violence pensa mettre la division entre les deux princes; mais le cardinal Mazarin, dont l'intérêt n'était pas alors de les brouiller, accommoda l'affaire, et elle n'eut aucune suite. Mais il s'en éleva entre le duc d'Orléans et le coadjuteur (1), sur la préséance à l'église, une autre, qui pensa devenir sanglante. Le duc d'Enghien prend parti pour le coadjuteur; le prince de Condé accourt à l'archevêché, et employant tour-à-tour les prières et les menaces, parvient à étouffer cette affaire. Le coadjuteur, au grand mécontentement du duc d'Orléans, en fut quitte pour faire quelques excuses à ce prince, et se maintint dans sa prétention par la protection ouverte que le duc d'Enghien avait accordée à sa démarche.

Dans la distribution des différents corps d'armée que la France avait alors sur pied, celui dont le duc d'Enghien obtint le com-

---

(1) Le cardinal de Retz.

mandement ne fût plus que de 7 à 8000 hommes, destinés à empêcher le duc de Lorraine d'agir. Par sa contenance et ses manœuvres, il arrête l'armée de ce prince, qui voulait soutenir Lamotte, assiégé par le marquis de Villeroy, et le force à ne rien tenter qui pût troubler cette entreprise. La défaite de Turenne à Mariendal change la destination du duc d'Enghien. Appelé par l'ordre de la cour et le vœu de la nation, il marche avec le corps qu'il commandait pour se joindre aux débris de l'armée de ce général, et en prendre le commandement. La jonction se fait à Spire; les restes de cette armée, le secours des Hessois et celui des Suédois, formaient alors au duc d'Enghien un corps d'environ 23,000 hommes. Le comte de Konismark et le baron de Gois, chefs des deux troupes étrangères, lui demandèrent à se retirer avec elles; le duc eut beaucoup de peine à les retenir; enfin, ils lui promirent de ne point se retirer qu'il n'eût combattu le général Mercy.

Le duc d'Enghien se détermina de suite à marcher à Heilbronn, place importante qui était le rempart de la Souabe, de la Bavière et de la Franconie. Le général ennemi fait une marche qui force le prince à changer de direction; il prend le parti de chercher à s'ouvrir le chemin jusqu'au Danube; il s'empare de Wimphen, passe le Necker, et se rend maître de Rothenbourg et de quelques autres villes et château. Le comte de Konismark, au mépris de la parole qu'il avait donnée au duc d'Enghien, renouvelle ses instances pour se retirer avec son corps; le prince, voyant qu'il lui est impossible de le garder, lui envoie publiquement souhaiter un bon voyage. Les Suédois partent; les Hessois, bien tentés de suivre leur exemple, reçoivent ordre de leur souverain de rester avec le duc d'Enghien.

Le général Mercy s'était posté avantageusement à Veitvaneck; le duc tâcha de lui faire quitter sa position; et n'y pouvant réussir, il investit Dunkelspiel. Mercy s'avance au secours de cette place; le duc d'Enghien en est instruit, lève ses quartiers, et marche à sa rencontre : les deux armées se trouvent en présence au milieu d'une forêt; mais le général Mercy, par la position qu'il avait prise, était inattaquable. On se canonne pendant toute la journée; le duc décampe dans la nuit, et se présente devant Norlingue. Mercy marche aussitôt à Donawert. Le prince, dont le projet avait toujours été d'éloigner l'ennemi d'Heilbronn, se prépare à se rapprocher de cette ville; mais il apprend que Mercy marche à lui, qu'il a déjà passé le Vermitz, et qu'il se dispose à délivrer Norlingue. Le duc qui commençait à douter que le général ennemi voulût se compromettre à tenter le sort d'un combat, apprend cette nouvelle avec joie, et gagne la plaine de Norlingue, où les deux armées se trouvent en bataille. Celle des ennemis couronnait une hauteur qui, s'étendant depuis les montagnes du Vimberg, en faisait la droite, jusqu'au château d'Allerem, où elle appuyait sa gauche. Le village du même nom était un peu en avant du centre; Mercy l'avait garni d'artillerie et d'infanterie, et s'était déjà retranché sur tout son front. A l'aspect d'une position aussi formidable, Turenne juge qu'il serait téméraire et dangereux de l'attaquer. Le duc d'Enghien, au contraire, n'est frappé que de la possibilité qu'il trouve à remporter une victoire de plus. Il est assez extraordinaire que ces deux grands hommes, avec la même valeur, les mêmes talents, et la même estime l'un pour l'autre, aient presque toujours vu différemment dans les occasions importantes: l'un ne pensait qu'à fixer les caprices de la fortune; l'autre, qu'à lui arracher ses faveurs. La prudence éclairée de l'un lui faisait toujours envisager le moyen le plus sûr; le génie ardent de l'autre, le lui faisait toujours trouver dans le plus court.

Le duc d'Enghien, après avoir reconnu la position, revient à son armée avec ce visage serein, si nécessaire aux généraux; le soldat cherche la confiance dans leurs yeux et doit toujours l'y trouver. Le duc fait ses dispositions; il charge le maréchal de Grammont de la droite, Turenne de la gauche, Chabot de la réserve, et confie à Marsin l'infanterie du centre, qu'il destine à l'attaque du village, et par où il se décide à commencer l'action. L'artillerie des ennemis a d'abord un grand avantage; elle emporte des rangs entiers, ce qui détermine le duc à ne pas perdre un instant pour faire attaquer le retranchement. Aussitôt Marsin s'y porte avec une vigueur à laquelle rien ne résiste; il attaque, il pénètre, il emporte le village. Mercy qui sentait l'importance du poste, le fait r'attaquer sur-le-champ; Marsin est blessé; les Français sont repoussés. La Moussaye amène des troupes fraîches et rétablit le combat; mais il allait être obligé de céder, quand le duc arrive à son secours avec le reste de son infanterie. Mercy renforce les siens, et le village se dispute de part et d'autre avec un acharnement qui rend long-temps le succès douteux. Au même instant le duc reçoit une blessure légère, et Mercy le coup de la mort. La fureur des combattants redouble; les Français gagnent du terrain; mais les ennemis occupent encore l'église et une maison, sans que les efforts les plus vigoureux puissent parvenir à les en chasser. Le duc, malgré sa blessure, se porte à sa droite pour faire attaquer Jean de Wert qui commandait la gauche des ennemis; mais un ravin profond ne permettait pas d'arriver jusqu'à lui. Alors il vole à la gauche, où il trouve Turenne poussant avec vigueur la droite des Impériaux, commandée par le général Gléen; mais il est repoussé par la seconde ligne des ennemis. Le duc s'avance à la tête des Hessois et des Veymariens pour tenter un effort décisif; mais, pendant ce temps, Jean de Wert avait passé le ravin pour fondre sur le maréchal de Grammont: celui-ci n'avait pu résister à l'impétuosité de cette attaque, et avait été pris. Chabot qui était accouru avec la réserve, n'avait pas été plus heureux et avait perdu la vie; enfin c'en était fait de l'armée française si Jean de Wert, sans s'amuser à poursuivre trop loin les fuyards, avait ramené ses troupes victorieuses au secours du centre et de la droite de son armée : mais quand il prit ce parti décisif il n'était plus temps ; l'attaque du duc d'Enghien avait eu le plus grand succès, l'infanterie ennemie était taillée en pièces, Gléen était pris, le village emporté, et l'artillerie dont on s'était emparé ayant été retournée contre l'infanterie bavaroise qui soutenait encore le village du centre, l'avait obligée de l'évacuer entièrement. Jean de Wert trouvant les choses en cet état, ne crut pas pouvoir disputer plus long-temps la victoire; il se retira sur le coteau d'Allerem, d'où il gagna, pendant la nuit, Donawert, avec tant de précipitation, que Turenne, détaché à sa poursuite, ne put le joindre avant qu'il eût passé le Danube.

Dans cette fameuse journée, les ennemis perdirent environ six mille hommes tués ou pris, presque toute leur artillerie, et 40 drapeaux ou étendards ; elle coûta quatre mille hommes à la France, et beaucoup d'officiers de marque. Turenne et Grammont furent légèrement blessés, le duc d'Enghien y eut deux chevaux tués sous lui, trois de blessés, une forte contusion à la cuisse, un coup de pistolet dans le coude, et plus de vingt coups dans ses habits. Mais son courage, sa fortune et son génie triomphaient également de la douleur, de la résistance, des obstacles et des dangers. Norlingue et Dunkespiel se rendent bientôt au vainqueur. Il revient à son projet sur Heilbronn, y marche et l'investit; mais l'excès de ses fatigues le fait tomber dangereusement malade; on le transporte à Philipsbourg avec une escorte de mille chevaux, commandés par le maréchal de Grammont, qui ne voulut s'en rapporter à personne sur la sûreté de son général et de son ami. La maladie augmente ; on désespère de la vie du prince, la consternation est générale dans l'armée et dans le peuple. La reine et le prince son père lui envoyèrent les plus habiles médecins du royaume. Leur art, la bonne constitution du jeune prince, l'heureuse destinée qui lui réservait encore tant de lauriers, le rendirent enfin à tous les vœux : il revint à Paris, et fut encore plus sensible aux larmes de joie et d'intérêt qu'il y vit répandre autour de lui, qu'aux cris d'acclamation et de reconnaissance que le peuple mêlait à son attendrissement.

Il semblait, comme nous l'avons déjà remarqué, que la prospérité de la France fût attachée à la personne du duc d'Enghien. Depuis son départ de l'armée, les troupes françaises perdirent de leur audace, et les ennemis sentant renaître la leur, reprirent courage, marchèrent en avant aux ordres de Jean de Wert, et forcèrent Grammont et Turenne d'abandonner presque toutes les conquêtes du duc d'Enghien.

1646. L'année d'après, le cardinal Mazarin voulut l'envoyer commander l'armée d'Italie ; cette destination lointaine déplut au prince de Condé son père, qui la fit changer, et le prince Thomas de Savoie fut envoyé à sa place. Le cardinal qui méditait toujours la conquête des Pays-Bas, ne trouvait pas que les succès du duc d'Orléans, dans cette partie, répondissent à tout ce qu'on devait en attendre ; les entours de ce prince, et surtout l'abbé de la Rivière qui le dominait entièrement, lui faisaient un très grand tort, dont les opérations se ressentaient ; et tel est le malheur des princes, que la grandeur de leur existence rassemble nécessairement autour d'eux les plus grands ennemis de leur gloire, sous le masque du zèle et du dévouement le plus trompeur : Gaston n'avait pas un caractère assez décidé pour s'en garantir. Le cardinal le sentait, et fit tous ses efforts pour le dégoûter d'un commandement dont il avait envie de charger le duc d'Enghien; il n'y parvint pas, et le duc d'Orléans, échauffé par les conseils de ses favoris, montra la volonté la plus décidée de garder le commandement de l'armée de Flandre. Le cardinal n'osait proposer au duc d'Enghien, dont la naissance était le moindre avantage, de servir sous un prince dont elle était le seul droit. Mais le duc qui ne connaissait que le bien de l'état, et qui savait toujours s'emparer de la véritable gloire, offre, de lui-même au ministre, de marcher aux ordres du duc d'Orléans: sa proposition, reçue avec joie, fut acceptée avec empressement; et ce prince donna, pendant toute la campagne, l'exemple de la soumission et du desir de concourir aux succès de l'armée. Une telle conduite ne devrait être susceptible d'aucun éloge; mais la dépravation des principes est telle, qu'elle nous condamne à regarder un acte d'honnêteté comme un effort de vertu.

Le duc d'Enghien eut d'abord un corps séparé: dans le conseil de guerre tenu à Compiègne devant la reine, il opina pour passer l'Escaut, et combattre l'ennemi qui couvrait

Tournai : un avis aussi hardi était digne de celui qui l'ouvrait ; mais il fallait être capable de l'exécuter pour en sentir tous les avantages ; il ne fut en conséquence point adopté, mais le siége de Courtrai fut résolu. Le duc de Lorraine avait passé l'Escaut, il le repassa aux approches de l'armée française. Le duc d'Enghien alors rappela son premier avis : la plupart des généraux entrent dans ses vues ; il s'empare d'un château qui facilitait les subsistances, en exécutant le passage du fleuve. Tout paraissait s'y disposer ; mais Gaston, le plus indécis de tous les hommes, change d'idée, et se détermine une seconde fois pour le siége de Tournai, qu'il fit investir, en laissant le duc d'Enghien pour contenir le duc de Lorraine. La place fut mal attaquée, il y entra du secours, le siége tira en longueur ; le duc d'Orléans ne se trouvant point assez de troupes pour l'investissement, rappela le duc d'Enghien, qui se joignit à lui. Le duc de Lorraine s'avançait au secours de Courtrai, le duc d'Enghien proposa de l'attaquer ; mais le duc d'Orléans s'y opposa par les conseils de l'abbé de la Rivière, conseils toujours suggérés par l'intrigue ou la poltronnerie : alors les deux armées se retranchèrent au grand étonnement du soldat français, que le duc d'Enghien avait depuis long-temps accoutumé à regarder l'audace comme la certitude du succès.

Le quartier du maréchal de Gassion était le plus près de l'ennemi ; le duc d'Enghien exposait souvent le sien à être attaqué, en s'affaiblissant pour porter des secours à celui de M. de Gassion, où les alertes étaient plus fréquentes : mais au bout de quelques jours, il découvrit que c'était un jeu du maréchal pour faire peur à l'abbé de la Rivière, et fut très mécontent de la hardiesse qu'eut ce général de tenter un courage aussi éprouvé que le sien, en montant sur le revers de la tranchée. D'autres traits de ce genre forcèrent dans la suite le duc d'Enghien à lui retirer son amitié.

Le siége continuait avec assez de vigueur, mais les approches du duc de Lorraine et de l'armée espagnole commençaient à faire douter du succès. L'abbé de la Rivière osa dans ce moment proposer, en plein conseil, de lever le siége ; mais cet avis fut si ridiculisé, que Gassion n'osa pas le suivre. Le duc de Lorraine attaqua plusieurs fois les différents quartiers, mais sans succès ; enfin, à l'attaque du duc d'Enghien, le gouverneur demanda à capituler : le duc conduit lui-même à Gassion les officiers qu'on lui avait envoyés ; on leur accorde la capitulation la plus honorable : l'armée du duc de Lorraine échappe au duc d'Orléans, il se laisse tromper par ce général, qui ne fit demander une conférence que pour se donner le temps d'assurer sa retraite.

On s'attendait toujours à une diversion puissante de la part de la Hollande ; mais à la conduite lente du stathouder, qui demandait un renfort d'infanterie française, on vit bientôt qu'il ne fallait pas compter sur lui. Cependant les princes se mettent en marche, pour paraître en mesure de faire passer ce renfort à l'armée hollandaise, et ne lui laisser aucun prétexte de réflexion; ils trouvent les Espagnols rangés en bataille à l'entrée de la plaine de Bruges : on s'attend bien que le duc d'Enghien, qui commandait l'avant-garde, proposa sur-le-champ de les attaquer, et on remit au lendemain ; les ennemis décampèrent dans la nuit, et c'est ainsi qu'on perd souvent à résoudre un temps précieux pour agir. Le duc d'Enghien se mit à leur poursuite, mais ils étaient déjà sous le canon de Bruges, et il ne put faire que quelques prisonniers. Un officier qu'il prit lui-même, lui dit, sans le connaître, que ce qui avait déterminé les Espagnols à se retirer, avait été d'apprendre que le duc d'Enghien commandait l'avant-garde. Quoique la modestie soit une des qualités du héros, il lui fut permis de sentir alors toute sa gloire. Le renfort fut envoyé au prince d'Orange, sous les ordres du maréchal de Grammont, et l'on ramena l'armée sur la Lys. Bientôt on s'empare de Berghes : le duc d'Enghien propose le siége de Dunkerque; mais le duc d'Orléans préfère celui de Mardick qu'il avait pris la campagne précédente, et que les Espagnols avaient repris par surprise. L'armée arrive devant cette place le 4 août. La garnison recevait tous les jours du secours de toute espèce du marquis de Caracène, qui campait sous Dunkerque. La nuit du 12 au 13, à l'attaque du duc d'Enghien, on s'était établi sur la contrescarpe, et le jeune prince venait de sortir de la tranchée, persuadé que les ennemis se reposeraient pendant le jour; mais à peine était-il parti, qu'ils font une violente sortie, repoussent les troupes de tranchée, et ruinent les travaux de la nuit. Le duc d'Enghien accourt aussitôt, rallie les troupes; et par des prodiges de valeur, ainsi que par la présence d'esprit la plus étonnante, il répare tout le mal de cette attaque. Cette affaire coûta la vie à beaucoup de personnes de marque ; la compagnie des chevau-légers de M. le prince, commandée par Bussy-Rabutin, s'y distingua particulièrement.

Le 15 août, le quartier du maréchal de Gassion fut attaqué par un détachement parti de Dunkerque. Le duc d'Enghien qui se trouvait dans la tranchée d'où il ne sortait presque point, y fut blessé au visage et au bras, par l'imprudence d'un soldat français qui laissa tomber à ses pieds une grenade. Le jeune prince fut le premier à se moquer du gazetier qui publia qu'il avait été blessé par les ennemis, parce qu'un grand homme, pour sa gloire, en pareil cas, n'a besoin que de la vérité. Pendant le traitement de sa blessure, dom Fernand de Solis, qui commandait dans Mardick, lui envoya quatre de ses principaux officiers pour demander à capituler : le duc d'Enghien voulut les faire conduire au duc d'Orléans ; mais ce prince ne voulut jamais y consentir, et se rendit près de lui ; la place fut rendue, et la garnison fut faite prisonnière de guerre. Gaston partit alors pour la cour, et laissa le commandement de l'armée au duc d'Enghien, que ses talents, ses succès, l'amour des soldats, le vœu de la nation et le cri de l'Europe entière appelaient depuis long-temps à cette première place que d'autres pouvaient occuper, mais que lui seul était en état de remplir.

Dans ce temps, le duc de Brézé, grand-amiral de France, et beau-père du duc d'Enghien, fut tué dans un combat naval sur les côtes de la Toscane, et le cardinal Mazarin refusa les charges et le gouvernement de cet amiral au duc son gendre et au prince de Condé qui les sollicitaient. Le mécontentement que le duc en ressentit ne devint cependant pas l'époque, mais bien l'origine de sa rupture avec le cardinal, dont il ne se vengea pour l'instant qu'en méritant par de nouveaux succès les honneurs et les récompenses qu'on lui refusait alors.

Quoique la saison fût avancée, et que l'armée du duc d'Enghien fût épuisée de fatigues, et réduite à dix mille hommes, il osa se déterminer à faire le siége de Dunkerque, conquête aussi difficile qu'importante ; mais ses projets comme ses actions portaient toujours l'empreinte de son génie. Son parti pris, il commença par s'ouvrir les chemins en franchissant plusieurs canaux défendus par les ennemis, qu'il repoussa jusqu'au corps du marquis de Caracène, chargé de protéger ce pays. Il aurait même défait ce corps entier, sans l'incident d'un pont qui se rompit; mais il força toujours le général espagnol à se retirer jusqu'à Nieuport, et tomba sur son arrière-garde, à laquelle il enleva neuf drapeaux, de l'artillerie, et tous les bagages. Ce mouvement des ennemis découvrait entièrement la ville de Furnes, dont le prince s'empara en deux heures. Ce poste était de la plus grande importance pour pouvoir assiéger Dunkerque. Tous les chemins de cette place lui étaient ouverts; il assemble un conseil de guerre. La plupart des généraux paraissaient incliner, de préférence, pour le siége de Menin; mais le prince dont le parti était pris en lui-même, sut bientôt, par la force de ses raisons, et son éloquence, ramener tout le monde à son avis. Il crut cependant ne devoir pas entamer une affaire d'une aussi grande importance, sans l'ordre de la cour. Il y envoie La Moussaye, et se prépare pendant son voyage à ne pas perdre un moment après son retour. Il dépêche en même temps le comte de Tourville, son premier gentilhomme, à La Haye, pour décider les états-généraux à se déclarer pour la France. Il s'assure aussi de quinze frégates françaises pour bloquer le port pendant le siége, conjointement avec la flotte de l'amiral Tromp, si les Hollandais se décident en faveur de la France. Le camp que le duc se proposait d'occuper dans les dunes devant Dunkerque, ne lui offrant aucun moyen d'y faire vivre son armée, il charge Champlatreux d'établir des fours à Berghes, et même à Calais, et se décide à former des magasins à Furnes; mais cette place n'était pas à l'abri d'un coup-de-main. Il n'hésite point à la fortifier, et c'est peut-être le premier guerrier qui ait conçu l'étonnante idée de construire une place en quelques jours pour se procurer les moyens d'en assiéger une autre.

Le duc trace lui-même les ouvrages, et fait travailler l'infanterie sous ses yeux; il charge la cavalerie de transporter les bois nécessaires; des détachements rassemblent des fourrages; des paysans les voiturent sur le bord des canaux; des matelots les embarquent et les conduisent à Furnes. En quinze jours, cette place, sans défense et sans provisions, se trouve en état de soutenir un siége et de faire vivre une armée. Tant de préparatifs deviennent bientôt nécessaires; Tourville a réussi, La Moussaye revient avec le consentement de la cour; les ordres étaient prêts, les dispositions étaient faites. Le lendemain Dunkerque est investi par terre et par mer; le marquis de Leede, officier expérimenté, commandait dans la place; le duc de Lorraine campait sur les frontières de Hollande, Beek et Piccolomini sous Dendermonde; Caracène et Lambois sous Nieuport.

Le premier soin du duc fut de mettre son camp hors d'insulte; mais un sable mouvant, un vent impétueux et continuel, les pluies, les inondations, les marées qui montaient jusqu'au camp, s'opposaient sans cesse aux travaux qu'il élevait pour sa sûreté personnelle, ou qu'il voulait diriger contre la place. Les ressources de son génie et l'activité de ses soldats vinrent à bout de surmonter tant d'obstacles; mais, pour comble de maux, les vivres arrivaient difficilement, et les maladies qui commençaient à se mettre dans l'armée, ne laissaient entrevoir d'autre moyen de réussir, qu'en abrégeant la durée du siége par la vivacité des attaques. Ce ne fut que la nuit du 24 au 25 septembre que le duc put ouvrir la tranchée. Dès le lendemain, Noirmoutier attaqua une redoute que les assiégés occupaient en avant de leur retranchement : ils la soutiennent avec vigueur; les Français l'emportent, les ennemis s'opiniâtrent à la reprendre; mais après quatre attaques infructueuses, et qui coûtèrent beaucoup de sang, ils sont forcés de se retirer. Le duc d'Enghien les pressait vivement de tous les côtés; et chaque jour était marqué par un combat; mais aux difficultés vaincues, il en succédait de nouvelles que le sang-froid et l'expérience du marquis de Leede opposaient sans cesse à l'infatigable activité du duc. Les Espagnols veulent réunir leurs forces pour l'attaquer dans son camp, et c'était effectivement le seul moyen de parvenir à sauver Dunkerque; mais la force des retranchements dont le duc s'était couvert, et la diversion que le prince d'Orange se disposait à faire, les décident à l'abandon de ce projet. Ils tournent alors toutes leurs vues sur Furnes, qu'ils comptaient emporter d'emblée; mais dès qu'ils voient que cette place exigeait un siége dans les formes, ils se trouvent encore forcés de renoncer à cette entreprise.

Le duc d'Enghien, sur la nouvelle de l'approche des Espagnols, s'était fait joindre par un corps aux ordres de la Ferté-Sennecterre, et continuait à pousser les travaux avec vigueur. La nuit du premier octobre, il fait attaquer la contrescarpe du bastion par Laval, et celle des ouvrages à cornes par Noirmoutier. Ces deux attaques réussissent, mais Laval y reçoit une blessure dont il meurt peu de jours après entre les bras du duc d'Enghien, à qui cette perte fut très sensible. Les avantages des assiégeants, loin d'abattre le courage du gouverneur, ne font que redoubler ses efforts, et semblent multiplier ses ressources; cependant les Français gagnent du terrain, les logements s'établissent, les fossés commencent à se combler. Piccolomini fait une tentative sur le quartier de Gassion; il est repoussé vigoureusement, et le succès de l'entreprise ne paraît plus douteux.

Le duc d'Enghien, qu'on a tant accusé de répandre le sang, est le premier, comme à Thionville, à proposer au gouverneur d'entrer en négociation : celui-ci envoie un officier distingué. Le duc parvient à le convaincre de l'inutilité d'une plus longue défense : cependant de Leede, ébloui par les promesses des Espagnols, trompé par sa propre valeur, hésite encore à se rendre; mais la force de la vérité, l'épuisement de ses ressources, l'éloignement des généraux espagnols, et le desir de sauver sa garnison, le déterminèrent enfin à promettre de rendre la place, s'il n'est pas secouru dans quinze jours. Le duc trouve ce délai trop long et le réduit à trois : ce terme étant expiré le 11 décembre, les portes de la ville furent livrées aux assiégeants, et la garnison sortit avec les honneurs de la guerre. Par la capitulation, il fut stipulé que les prisonniers seraient rendus de part et d'autre ; et ce fut à cette occasion, qu'éclata la brouillerie entre le duc d'Enghien et le maréchal de Gassion, sur ce que ce prince lui fit un reproche assez vif, mais fondé, de n'avoir pas rendu au marquis de Leede tous ses prisonniers, suivant l'ordre qu'il en avait donné. Ce germe de division, que le cardinal Mazarin cherchait depuis long-temps à faire naître dans le cœur de Gassion, fut si bien cimenté par le ministre, que ces deux guerriers, dont une estime réciproque avait formé la liaison, en vinrent bientôt à une brouillerie complète.

Dans cette même campagne, le duc d'Enghien, par une manœuvre aussi hardie que savante, parvint à ravitailler Courtrai à la vue de l'armée du duc de Lorraine et de Piccolomini, qui se contentèrent de tenter une entreprise sur son arrière-garde, et qui furent vivement repoussés par le marquis de la Ferté-

Imbault qui la commandait. Les ennemis n'ayant pu troubler cette opération importante, se préparaient à attaquer le duc au retour; mais sa contenance, et l'ordre qu'il sut mettre dans sa marche, leur en imposèrent au point qu'ils n'osèrent rien tenter. Une campagne aussi glorieusement terminée, redoubla l'amour de la nation pour le duc d'Enghien; et la reine, à son retour à la cour, affecta de le recevoir de la manière la plus flatteuse.

Un héros n'est peut-être jamais plus heureux de sa gloire, que quand il peut la déposer dans le sein d'un père dont il est tendrement chéri. Le duc d'Enghien jouissait de cette douce satisfaction, mais elle lui fut bientôt enlevée. Henri de Bourbon, deuxième du nom, troisième prince de Condé, mourut à Paris le 25 décembre de cette même année. Ce prince avait toujours joué le plus grand rôle dans l'état, moins par ses talents militaires que par son rang et son influence. Il éprouva dans sa vie des vicissitudes qui furent l'effet des circonstances, bien plus que de son caractère. Il avait l'esprit juste, agréable et solide, de la sagesse, de la capacité; mais surtout une modération qui eût épargné bien des maux à la France, s'il avait vécu plus long-temps. Digne de son aïeul, plus grand que son père, effacé par son fils, il est moins célèbre par la raison même qui lui donne plus de droit à notre estime; il sut former un héros qui le surpassa.

A la mort de Henri, le duc d'Enghien succède aux titres de premier prince du sang, de chef du conseil de la régence, de grand-maître de France, et de gouverneur des provinces de Bourgogne et de Berry. De ce moment il prit le nom de M. le Prince. Son premier pas dans le conseil fut de prendre la défense du comte d'Harcourt qu'on voulait opprimer, et du maréchal de la Motte qui l'était, pour avoir été tous deux malheureux à la tête de l'armée de Catalogne. Le cardinal en offrit au prince le commandement, en lui promettant toutes les facilités qui dépendaient de lui; mais les amis de ce dernier qui redoutaient, avec raison, la politique artificieuse du ministre, lui conseillèrent de ne pas s'en charger. Condé, au contraire, trop accoutumé aux succès pour prévoir la possibilité des revers, et trop franc pour croire à la fausseté, pensa devoir accepter, et ne tarda pas à s'en repentir. En arrivant à Barcelonne, il n'y trouva ni artillerie, ni argent, ni magasins, et il sentit alors, mais trop tard, qu'il avait été trompé. De suite, il

1647.

redoubla de travail avec les intendants de l'armée, pour tâcher de suppléer à ce qui lui manquait, et parvint bientôt à se croire en état de faire un siége avec succès.

En effet, le 27 mai, il ouvre la tranchée devant Lérida, au son des violons : quelques auteurs prétendent que c'était alors une espèce d'usage en Espagne; mais ce n'est point faire injure aux grands hommes que d'avouer leurs erreurs. Un peu trop de présomption égara sans doute en ce moment un jeune prince que la fortune avait toujours favorisé jusqu'alors ; et quand le succès du siége aurait été plus heureux, les violons seraient toujours de trop dans son histoire comme dans la tranchée. Le 17 juin, après avoir épuisé tous les moyens de réussir, la fatigue des troupes, la nature du terrain, et la défense opiniâtre d'André Britt, qui commandait dans la place, décidèrent le prince à lever le siége. Il lui en coûta pour se déterminer, et ce ne fut peut-être pas la moins belle de ses victoires, que celle qu'il remporta sur lui-même dans cette occasion. La suite de cette campagne fut moins malheureuse. M. le Prince s'empara de la ville et remporta sur les Espagnols quelques avantages qui auraient été plus complets, sans la mésintelligence qui se mit entre M. de Broglie et d'Arnauld au camp de Belputh.

M. le Prince, qui s'était porté à l'avant-garde, les avait chargés de lui ramener l'armée au premier ordre qu'ils en recevraient. Ils le reçurent et ne marchèrent point, faute de pouvoir s'accorder sur le chemin qu'ils voulaient prendre. Dans ce temps-là, comme aujourd'hui, les contestations particulières ont souvent empêché de grands succès ou causé de grands malheurs. La campagne finie, le prince se rendit à Barcelonne, où il apprit la maladie dangereuse du roi et du duc d'Anjou.

Dans un moment aussi intéressant pour lui, ce prince pensa que l'apparence d'un événement qui ne laissait plus qu'une tête entre le trône et lui, pourrait faire attribuer son empressement à d'autres causes qu'à son attachement pour des jours aussi précieux; il ne se rendit, en conséquence, qu'à petites journées à Fontainebleau, quoique la reine, qui voulait s'en faire un appui contre la trop grande puissance du duc d'Orléans, lui envoyât courrier sur courrier pour hâter son retour; mais la convalescence des deux princes dissipa bientôt les craintes, les intrigues et les projets.

M. le Prince, de retour à la cour, ne put

s'empêcher de témoigner au cardinal son mécontentement de la conduite qu'il avait tenue à son égard. Le cardinal eut recours à de nouvelles protestations de dévouement et de respect, et lui laissa le choix de l'armée qu'il voudrait commander pour la campagne suivante. Désarmé par tant de soumissions, le prince consent à tout oublier, mais la nation, moins indulgente, ne pardonna jamais au ministre d'avoir compromis un prince du sang et son armée.

1648.
Commencement de la Fronde.
Les injustices du cardinal, et les vexations du surintendant Emery, sa créature, portent bientôt le mécontentement dans tous les esprits. Le peuple gémit de l'excès des impôts; le parlement s'agite, les grands murmurent; de son côté, le cardinal, assuré du duc d'Orléans et de M. le Prince, dédaigne d'abord tous ces mouvements; mais bientôt les intrigues s'augmentent, la Fronde se forme, le fameux arrêt d'union se rend; le cardinal commence à craindre, il montre de la faiblesse, on le presse plus vivement; les têtes s'échauffent, le feu s'étend, l'incendie devient général. M. le Prince, de concert avec le duc d'Orléans, fit de son mieux pour calmer les esprits et prévenir de plus grands troubles; mais le moment

d'entrer en campagne arrive : il part, et se rend sur les frontières de la Picardie, à la tête d'une armée de 30,000 hommes.

Il se détermine à ouvrir la campagne par le siége d'Ypres, place dont les abords sont extrêmement difficiles. Après avoir donné le change à l'archiduc sur son projet, Ypres se trouve investie le 13 mai par la manœuvre la plus savante et la marche la mieux concertée. L'archiduc vient camper le 16 à portée des assiégeants ; il fait quelques tentatives sur leurs quartiers ; il est repoussé partout, et marche à Courtrai qu'il emporte d'emblée en plein jour. Le cardinal, sans en prévenir M. le Prince, et sans avoir égard à ses représentations, avait envoyé ordre à Palluau, qui était gouverneur de cette ville, de conduire une grande partie de la garnison au siége d'Ypres, et cet ordre causa la perte de Courtrai. Cet exemple et mille autres devraient faire sentir à tous les ministres d'Europe que rien n'est plus dangereux, ni plus contraire au succès des armées, que des ordres émanés de la cour, adressés aux troupes qui sont en guerre, sans s'être concerté avec les généraux qui les commandent.

Après cette expédition, l'archiduc revint au siége d'Ypres ; mais loin de délivrer cette place, comme il s'en flattait, il ne fit qu'assister à sa conquête. M. le Prince s'en étant rendu maître, ne jugea pas à propos de livrer bataille à l'archiduc qui se retranchait dans le camp de Warneton. Il tourna ses vues sur Dixmude; mais les ordres de la cour le forcent de renoncer à ce projet pour appuyer l'entreprise de Rantzau sur Ostende, projet qui n'eut aucun succès. L'armée manquait de tout, le prince y suppléa de ses propres deniers. Celle de l'archiduc se renforçait tous les jours, il entre en Picardie; mais Condé le force à rebrousser chemin, et à se rejeter dans la Flandre maritime.

M. le Prince vient passer quelques jours à Paris, pour se concerter avec la reine, et retourne en Flandre. Quatre mille Veymariens, aux ordres du comte d'Erlach, devaient joindre son armée, à qui ce renfort était très nécessaire; mais leur jonction était difficile, vu la position de l'armée. Le prince s'occupe de cet objet sans perdre de vue tous ceux qu'il avait à remplir; et, par l'habileté de ses marches et de ses manœuvres, il parvient à la jonction, sans avoir cessé de couvrir Ypres et Dunkerque que l'ennemi paraissait menacer. L'archiduc décampe, le prince le suit, et le joint dans la plaine de Lens. L'armée française, composée de 14,000 hommes et de 18 pièces de canon, arriva dans cette fameuse plaine; le 19 août, au point du jour, la ville de Lens s'était rendue à l'archiduc dans la nuit, ce qui l'avait décidé à changer la position où le Prince l'avait vu la veille, et à la rendre plus favorable en appuyant sa droite à la ville même: son centre occupait des hameaux entourés de haies et de fossés, et sa gauche une hauteur dont les abords étaient fort difficiles. Jusqu'alors M. le Prince n'avait connu d'obstacles que pour les surmonter; mais il fit voir, en cette occasion, que la valeur la plus impétueuse n'était pas son seul moyen de vaincre. L'archiduc était aux portes de Picardie, une défaite perdait la France; il fallait une victoire pour la sauver : combattre était donc un devoir, mais vaincre était une nécessité. Cette importante réflexion n'échappa pas à M. le Prince, et elle le décida sur-le-champ au parti qu'il prit. Loin de se compromettre en attaquant l'ennemi, trop avantageusement posté, il ne pensa qu'à l'attirer dans la plaine; il engagea quelques escarmouches, et fit tirer du canon dans l'espérance que l'archiduc sortirait de sa position pour tenter un succès que l'apparente timidité de ses ennemis semblait lui promettre. Mais Léopold connaissait trop le caractère bouillant de M. le Prince, pour ne pas espérer que son ardeur l'emporterait enfin sur sa prudence; et, dans cette opinion, il ne voulait perdre aucun de ses avantages. Tant de circonspection désolait le prince, mais ne le fit pas succomber. Voyant que l'archiduc était décidé à rester dans sa position, il pensa qu'il n'y avait de moyen de l'en arracher que de quitter lui-même la sienne par une marche rétrograde. Ce mouvement n'était pas sans danger, et, par cette raison, la nuit y paraissait plus propre; mais le but de M. le Prince n'était pas d'assurer sa retraite, il voulait, au contraire, engager l'archiduc à le poursuivre, et son objet était manqué, si l'ennemi ne s'apercevait pas de son mouvement. Il se décida donc à se retirer en plein jour, et se mit en marche le 20 au lever de l'aurore. Cette manœuvre eut tout l'effet que le prince en attendait. Dès que les ennemis virent son mouvement, le général Beck s'ébranle avec la cavalerie lorraine, pour fondre sur son arrière-garde. M. le Prince, au comble de ses vœux, forme son armée sur une éminence qu'il avait reconnue, donne sa gauche à commander à

Grammont, se charge de la droite, et destine Châtillon avec la gendarmerie à soutenir l'arrière-garde : Noirmoutier qui la commandait était déjà repoussé par les ennemis ; mais Châtillon, à la tête de la gendarmerie, fait une charge vigoureuse et les met en déroute ; ils se rallient, et tombent à leur tour sur les gendarmes, qui sont forcés de céder à l'impétuosité de cette seconde charge. M. le Prince rallie les siens, et cherche à leur inspirer cette audace qui ne l'abandonnait même pas dans les moments les plus critiques. Mais la terreur s'empare tout-à-coup des escadrons qu'il ramenait au combat ; tout fuit, tout l'abandonne, et la France n'a plus de ressource que dans les talents de son général.... Mais tout va bientôt se réparer : Condé rejoint les siens au pied de la hauteur dont on vient de parler, il parvient à les reformer, et fait tête à l'ennemi. Beck s'arrête pour attendre l'archiduc qui, voyant ses succès, accourait avec l'armée pour compléter sa victoire. Quelques moments de silence et de repos succèdent au tumulte et à la fatigue du premier combat. M. le Prince en profite pour placer des troupes fraîches aux endroits où il se propose de faire les plus grands efforts. Bien moins frappé de l'apparence d'une défaite, que de la possibilité de ramener la victoire, il se décide à fondre sur l'armée ennemie, qu'il était parvenu, par ses manœuvres, à faire descendre dans la plaine. Il rappelle à ses soldats les journées de Rocroy, de Fribourg et de Norlingue. Ces noms fameux, l'aspect imposant de celui qui les avait immortalisés, son éloquence mâle, sa contenance brillante et fière, rappellent en un instant la confiance, le courage et la volonté. L'espoir de vaincre est un grand pas vers la victoire : l'artillerie commence l'attaque avec le plus grand succès; M. le Prince s'avance à la tête de la première ligne de cavalerie, Léopold l'attend; on s'approche, on se mêle de part et d'autre, on voit des prodiges de valeur, les avantages se balancent, M. le Prince est partout; deux de ses pages sont tués à ses côtés : il voit, il ordonne, il charge, il rallie; impatient enfin de voir décider la victoire, il fait avancer sa réserve commandée par d'Erlach, et se met à la tête. Ces fiers Veymariens, vainqueurs tant de fois sous ses ordres, tombent sur les Lorrains avec une telle impétuosité, qu'ils les renversent, et qu'ils décident entièrement la victoire de leur côté. L'aile gauche avait combattu avec le même succès, et les ennemis ayant pris la même direction dans leur déroute, M. le Prince et Grammont se rencontrèrent auprès des leurs, avec autant d'étonnement que de joie ; ils courent l'un à l'autre, et s'embrassent avec les transports que l'élévation de l'ame et l'intérêt du moment rendent si vifs et si tendres. M. le Prince ne s'arrache des bras de son ami, que pour courir où sa gloire l'appelait encore.

Voyant l'archiduc et sa cavalerie en pleine retraite sur Douai, il donne ses ordres pour investir la ville de Lens, et retourner aussitôt sur le champ de bataille, où l'infanterie était encore aux mains ; les gardes-françaises avaient enfoncé tout ce qui s'était trouvé devant eux ; mais, emportés par trop d'ardeur, ils allaient être taillés en pièces, si les gendarmes et les gardes de M. le Prince ne fussent pas arrivés à leur secours. Dans ce moment, toute l'infanterie française attaque vigoureusement celle de Lorraine ; celle-ci se défend avec courage. Le feu de l'artillerie, la difficulté de se voir et de s'entendre, dans des moments de tumulte, et dans des tourbillons de poussière et de fumée, mais plus que cela, peut-être, cet instinct qui porte les hommes à se serrer dans les grands dangers, avaient fait disparaître tous les intervalles, et toute l'infanterie espagnole ne formait alors qu'un seul bataillon où il paraissait impossible de pénétrer.

M. le Prince charge Desroches, lieutenant de ses gardes, de tâcher de percer par quelques endroits avec sa troupe, dans cette masse énorme dont la force et la résistance rendaient encore le succès douteux. Desroches s'en acquitte avec autant de valeur que d'intelligence; il fait une charge si vigoureuse, qu'il parvient à renverser une partie de ce bataillon redoutable. Le reste de cette infanterie se voyant entamé, abandonné de sa cavalerie et de ses généraux, jette bas les armes, demande la vie, et tombe aux pieds du vainqueur.

M. le Prince, toujours maître de lui dans les moments les plus tumultueux, fait aussitôt cesser le carnage, et se livre encore une fois, avec transport, au bonheur d'exercer sa clémence en assurant sa victoire. Cette célèbre journée, la plus importante peut-être du règne de Louis XIV, ne coûta que 500 hommes à la France. Les ennemis y perdirent 10,000 hommes, 800 officiers, 120 drapeaux ou étendards, 38 pièces de canon et tous leurs bagages. Le général Beck, qui commandait sous l'archiduc, eut le même sort que Fuentès à

Rocroy, et Mercy à Norlingue. Il semblait que le sort du grand Condé fût non seulement de vaincre, mais même de détruire les plus redoutables ennemis de la France : anéantir, en moins de deux heures, une armée et sauver un empire, tel fut le triomphe de ce héros.

Un succès aussi décisif qu'inespéré semblait devoir entraîner la conquête des Pays-Bas ; mais l'excès de la fermentation intérieure du royaume décida la reine à donner ordre au prince de terminer la campagne. Avant d'obéir, il crut cependant devoir s'emparer de Furnes. Il chargea le maréchal de Rantzau de ce siége : celui-ci ne s'en acquittant pas à la satisfaction de M. le Prince, il y fut lui-même, et reçut à la tranchée un coup de fusil dont il n'eut qu'une forte contusion à la hanche ; sa présence détermine la ville à se rendre à l'instant, et de suite il retourne à la cour.

Des services aussi importants méritaient une marque éclatante de satisfaction. La reine lui fit en conséquence donner, par lettres-patentes du mois de décembre 1648, et aux titres les plus honorables, le pays du Clermontois, pour en jouir lui et ses successeurs, avec les droits les plus éminents et les plus solidement établis ; manière de récompenser, également digne des services d'un grand prince, et de la reconnaissance d'un grand roi.

FIN DU LIVRE PREMIER.

LIVRE SECOND.

M. le Prince, en arrivant à Paris, y trouva la duchesse de Longueville, sa sœur, qui, par les charmes de sa figure, et la séduction de son esprit, captivait tous les yeux et soumettait tous les cœurs; mais, pour le malheur de la France, et par une fatalité trop extraordinaire, pour n'être pas remarquable, cette princesse à qui la nature avait tout accordé pour dominer les hommes, le fut toujours elle-même par des gens d'un esprit fort au-dessous du sien, et sut prendre le plus grand empire sur le grand Condé, le seul homme de son temps, peut-être, qui dût naturellement en prendre sur elle.

Dès que ce prince parut dans la capitale, il fut recherché de tous les partis; mais son plan fut d'abord de marcher d'un pas égal entre la cour et la faction. Il se rendit médiateur entre la reine et la Fronde, et détermina cette princesse à négocier avec le parlement, et à rendre cette fameuse déclaration qui parut un moment appaiser tous les troubles.

L'ambition sans bornes de l'abbé de la Rivière éleva, dans ce temps, une affaire qui remplit la cour et la ville d'étonnement et d'indignation. Ce favori de Gaston, si cher et si funeste à son maître, osa se mettre en concurrence pour le chapeau de cardinal avec le prince de Conti, qui venait, à seize ans, de remporter les palmes de la Sorbonne, et qui réunissait à sa haute naissance tous les talents de l'état ecclésiastique, parti que la faiblesse de sa constitution avait décidé son père à lui faire embrasser. M. le Prince, offensé de la concurrence, soutint son frère avec la force et la noblesse qui étaient en lui, et qu'il devait à son sang et à sa cause. Gaston, après avoir fait des menaces et des démarches inutiles, fut bientôt obligé de céder. Mais quelque brillants qu'eussent été les premiers pas du prince de Conti dans la carrière ecclésiastique, il ne put se déterminer à la suivre; et consultant son courage plus que son caractère, ses goûts plus que ses forces, il abdiqua bientôt les plus beaux bénéfices pour prendre le parti des armes. Les exemples de son frère étaient séduisants, il voulut courir sur ses traces, et ne put jamais y marcher que de loin.

Le feu qui couvait sous la cendre ne tarda pas à se rallumer; bientôt la fermentation et le désordre renaissant de toutes parts, tous les partis redoublent leurs instances auprès de M. le Prince, pour l'attirer vers eux. L'éloquence dangereuse du prélat fameux qui s'honorait du nom de nouveau Catilina, ne gagne rien sur lui : il résiste aux instances des factieux, aux séductions de sa sœur, à son amitié pour le duc de Châtillon, au ressentiment de ses injures personnelles. Toutes ses réponses se renferment dans ce mot fameux : « Je m'appelle Louis de Bourbon, et je ne » veux pas ébranler la couronne. »

La reine, de son côté, n'hésite point à employer les prières et les larmes pour se l'attirer. Le jeune roi l'embrasse, et lui recommande le salut de l'état et de sa personne. Les grands s'humanisent quand ils sont malheureux : la voix seule du devoir décide M. le Prince à prendre parti pour une cour sur laquelle il ne comptait pas; mais son caractère impétueux et fougueux s'irrita bientôt des obstacles que la Fronde opposait sans cesse à ses bonnes intentions. Il ménagea trop peu le parlement; il proposa des moyens décisifs, mais violents.

Le projet de M. le Prince était de faire venir l'armée aux portes de la capitale, de se saisir de l'arsenal, de placer du canon en batterie vis-à-vis des principales rues, et, dans cet état de choses, de faire sommer le chef de la Fronde de sortir de la ville. Il n'est pas douteux que la cour eût tout obtenu de la crainte, sans être obligée d'effectuer la menace; mais Le Tellier donna l'avis de bloquer cette grande ville, et de la réduire en l'affamant. Les conseils de la lenteur sont toujours du goût de la faiblesse; la reine adopta ce plan sans hésiter, et ce fut avec 7 à 8,000 hommes, sans argent, sans magasins, et dans le fort de l'hiver, qu'on força M. le Prince à se charger de cette grande entreprise, pour laquelle il eût fallu tant de préparatifs et de moyens.

La nuit du 5 au 6 janvier, toute la maison royale, excepté la duchesse de Longueville, sort de Paris, et se rend à Saint-Germain. M. le Prince, le défenseur et l'idole de la nation, devient pour un temps l'objet de la haine et l'effroi des Parisiens. Ils lèvent des troupes; le prince de Conti, séduit par sa sœur, se jette dans Paris; il est déclaré généralissime de la Fronde. M. le Prince, désespéré de la conduite de son frère, mais peu inquiet de ses talents, déploya tous les siens pour tâcher de remplir l'objet important dont il était chargé. Il établit des postes sur toutes les grandes routes et sur les bords de la Seine ; il occupe Pontoise, Saint-Cloud, Meudon, Montlhéry, Corbeil, Lagny, Charenton, Vincennes, Saint-Denis, et, par ce moyen, intercepte la plupart des convois qui pouvaient entrer dans Paris : mais le peu de temps qu'il avait ne lui permit pas de se rendre maître de tous les endroits nécessaires; il fut même forcé d'évacuer quelques-uns de ceux dont il avait cru devoir s'emparer; Charenton fut de ce nombre, et les Parisiens y entrèrent en vainqueurs, dès qu'ils apprirent qu'on ne le défendait plus. Cette apparence de succès les enhardit; le duc de Beaufort sort de Paris avec 6,000 hommes pour s'emparer de Corbeil, et s'ouvrir par-là le passage de la Seine.

M. le Prince, averti de son projet, se porte avec quelques troupes au moulin de Charenton, et ces guerriers redoutables disparaissent aussitôt. Plus accoutumé à vaincre ses ennemis sans les joindre, qu'à les chercher, il se décida, peut-être plus par impatience que

6..

par nécessité, à s'emparer de vive-force des postes de Charenton, défendus par Clausen. La nuit du 7 au 8 février, il fait ses dispositions, et charge de cette attaque le duc de Châtillon, son ami. Quinze mille Parisiens, commandés par un prêtre (1), sortent de leurs murs, et se mettent entre la Place Royale et Picpus; mais cet effort de courage fut le seul de cette multitude qui, se croyant une armée, ne s'entretenait que de sa gloire, et frémissait à l'aspect du danger. A la pointe du jour, Châtillon commence son attaque; Clausen se défend avec vigueur: mais, malgré son courage, Bouteville pénètre dans le retranchement; toutes les troupes le suivent, franchissent les barricades, et bientôt le poste est emporté. Ce succès coûta cher à la nation; plus de cent officiers y perdirent la vie; le brave Clausen fut du nombre, et le duc de Châtillon trouva la mort au sein même de la victoire.

L'armée parisienne, voyant que sa présence n'a pu sauver Charenton, se garde bien de compromettre sa valeur en tâchant de le

---

(1) Le coadjuteur.

reprendre, et rentre dans Paris au milieu des huées, des reproches et des insultes de tout un peuple indigné de la lâcheté de ses défenseurs. M. le Prince fut trop sensible à la perte de son ami pour jouir du succès de son entreprise ; son cœur en fut si vivement affecté, qu'on craignit pour sa santé : mais la nécessité de s'occuper des affaires, sans étouffer sa douleur, l'empêcha d'y succomber. Il envoya des détachements pour s'emparer de Brie-Comte-Robert, et de quelques autres postes que les frondeurs occupaient encore. Partout où ses troupes se montrent, le ridicule et la honte devenaient le partage de ses ennemis ; mais ces petits avantages n'étaient pas décisifs. Les frondeurs, convaincus par leurs désastres que des factieux ne sont pas toujours des soldats, cherchent partout des défenseurs ; ils redoublent de cabales au dedans et d'intrigues au dehors ; leurs efforts réussissent, et l'embrasement se manifeste de toutes parts. Les parlements du royaume commencent à se réunir à celui de Paris. Le duc de Longueville qui s'était retiré dans son gouvernement de Normandie, se déclare pour la Fronde, et se met en marche avec une armée de 10,000 hommes ; le duc de la Trémoille en lève une autre; le vicomte de Turenne fait déclarer contre la cour celle qu'il commandait en Alsace. L'autorité royale allait être accablée par le nombre de ses ennemis; les ordres de la reine, les lettres du roi, les intrigues de Mazarin, l'argent qu'il fait répandre, et tous les moyens qu'il emploie, ne suffisent point pour dissiper cet orage.

La cour sentit alors qu'elle n'avait de ressource que dans la haute considération que la valeur et les succès multipliés de M. le Prince lui avaient acquise parmi les défenseurs de l'État, qui, dans ce moment, en devenaient la terreur. On le pria d'employer tout son crédit sur eux, et de leur faire sentir l'énormité de leur faute. Condé s'en fait un devoir; il écrit.... Longueville s'arrête, la Trémoille suspend ses démarches, et Turenne est abandonné, contraint de se retirer en pays étranger, et forcé d'implorer pour lui la protection du même prince, dont un seul mot venait de lui enlever une armée; mais ce prince, toujours l'appui du mérite, s'employa généreusement pour Turenne, et lui fit obtenir, outre son pardon, des grâces considérables.

La Fronde, ainsi trompée dans ses espérances, et se voyant à la veille de succomber sous les efforts de M. le Prince, dont les talents se réunissaient pour l'accabler, commence à s'ennuyer de la guerre. Du côté de la cour, l'approche des Espagnols, appelés par le coadjuteur, introduits dans le sein du royaume, et guidés par ses émissaires, ne laisse pas d'inquiéter la reine, et la fait consentir à la paix. Les négociations s'entament; la nécessité rapproche tous les partis, et M. le Prince parvient à faire signer le traité de Saint-Germain, qui laissa la Fronde aussi dangereuse et le ministre aussi puissant.

La cessation des hostilités n'ayant point changé les esprits, la reine n'ose encore ramener le roi dans Paris; le cardinal craint d'y paraître; Condé qui ne se dissimulait pas combien il y était odieux, pense qu'il est de sa gloire de s'y montrer. Il se rend dans cette ville, seul dans son carrosse; le même peuple qui l'avait accablé de malédictions, qu'il venait de réduire aux horreurs de la faim, à la crainte du pillage et de la mort, oublie à son aspect l'auteur de tous ses maux, et ne voit en lui que le grand homme et le sang de ses maîtres. Tous les grands viennent lui rendre hommage; le parlement lui envoya une députation, et l'on eût pris le vainqueur des rebelles pour leur libérateur. Le cardinal, au contraire, toujours soupçonneux, et jamais reconnaissant, en conçoit de l'ombrage, et lui propose, pour l'éloigner, le commandement de l'armée des Pays-Bas; mais le prince ne crut pas devoir l'accepter.

Aussitôt la paix signée, la princesse douairière de Condé avait réconcilié tous ses enfants, et de ce moment, la duchesse de Longueville s'acquit sur son illustre frère l'ascendant funeste dont on a parlé plus haut. Déterminé par cette princesse, il fait dire au cardinal qu'il ne devait plus compter sur lui, s'il ne renonçait au mariage de sa nièce avec le duc de Mercœur, et après avoir été prendre congé de la cour à Compiègne, il partit pour se rendre dans son gouvernement de Bourgogne.

L'armée des Pays-Bas, commandée par le comte d'Harcourt, eut de mauvais succès. Les Veymariens, après la levée du siége de Cambray, déclarent qu'ils ne veulent plus servir la France que sous les ordres de M. le Prince ou de M. de Turenne. Les fausses démarches du gouvernement, le malheur de ses entreprises ou de ses négociations, l'établissement de la cour à Compiègne, la haine et le mépris qu'inspiraient l'administration et le caractère de Mazarin; mais, plus que tout cela, peut-être, la malheureuse disposition des esprits, dans ces temps de confusion et de désordre, rallument le feu de la faction ; la cour s'en effraye. M. le Prince apprend à Dijon les justes alarmes de la reine qui négociait son retour dans la capitale, quitte son gouvernement, se rend à Paris, dispose tout pour y ramener la cour, et propose à la reine d'y rentrer avec le roi, en lui répondant sur sa tête qu'il n'arriverait rien au cardinal. La reine s'y décide, et M. le Prince la ramène en effet avec son ministre, au Palais-Royal, au milieu des acclamations du peuple.

La régente parut d'abord sentir l'importance de ce service ; mais il fut bientôt à charge à sa faiblesse et à l'ambition du cardinal. La conduite de M. le prince, dans cette occasion, fut d'autant plus louable, qu'il avait prévu l'ingratitude avant de mériter la reconnaissance. De ce moment, en effet, Mazarin forma le projet d'abaisser la trop grande puissance d'un prince qui (selon l'expression du cardinal de Retz) venait de le tirer du gibet. Il tâcha de le rendre suspect à tous les partis, et lui tendit des piéges à chaque pas. Une grande ame, un cœur droit, ne se livrent qu'avec regret à la défiance. Condé fut long-temps trompé par le ministre avant de rompre entièrement avec lui. Le gouvernement du Pont de l'Arche, qui lui avait été promis pour le duc de Longueville, et qui ne lui fut pas accordé, fut l'époque de la première rupture. Le prince éclate, et se lie avec le duc d'Orléans ; la Fronde le recherche ; le cardinal frémit ; le prince répugne à se livrer à la faction ; la Rivière croit de son intérêt de ne pas pousser les choses plus loin ; Gaston se propose pour médiateur ; M. le Prince accepte avec joie ; la négociation s'entame et se conclut ; le prince dicte les conditions ; le cardinal consent à tout ; ils se réconcilient. Tous les chefs de la Fronde, excepté Gondi, se déchaînent contre M. le Prince, et trouvent le moyen de faire répandre parmi le peuple l'esprit de haine et d'animosité qu'ils jugeaient de leur intérêt d'afficher dans ce moment, contre un prince puissant qui paraissait se lier avec un ministre détesté. Mais le cardinal ne se prêtait à cette apparence que pour porter des coups plus sûrs au héros qu'il craignait. Attentif à tout ce qui pouvait lui nuire, il accorde, à sa sollicitation, les honneurs du Louvre au prince de Marsillac ; mais, en même temps, il fomente le mécontentement de la noblesse à cet égard, tolère ses assemblées, et s'applaudit d'avoir suscité par ses intrigues une affaire qui pouvait embarrasser celui qu'il voulait perdre. Mais ce corps assemblé, sentant toute sa force, parle bientôt de contraindre la cour à convoquer les états-généraux.

Mazarin, souple et bas, préféra toute sa vie l'humiliation au danger, et se décida sur-le-champ à détourner l'orage pour n'avoir point à le braver. Il révoqua toutes les grâces qui pouvaient déplaire à la noblesse, et parvint à dissoudre l'assemblée, en détruisant le motif qui l'avait provoquée. Cette intrigue manquée ne fit point perdre au ministre le projet de perdre M. le Prince, à quelque prix que ce pût être, pour le détacher d'un parti qui pouvait le rendre plus redoutable. Il lui fait dire sous main que la Fronde veut l'assassiner : la Boullaye, un de ces scélérats qui, dans les temps de trouble, vendent leurs services au premier intrigant qui veut les acheter, d'accord avec le cardinal, arrête le carrosse vide du prince, sur le Pont-Neuf, y tire des coups de pistolet, et se réfugie dans l'hôtel du duc de Beaufort. L'intention du cardinal était uniquement de rendre ce prince irréconciliable avec la faction; car jamais son projet ne fut de réaliser cet assassinat, et ce crime de plus n'était point entré dans son cœur; mais il se servit de cet événement pour décrier la Fronde et la rendre odieuse.

Toute la France vint féliciter M. le Prince d'avoir échappé à un aussi grand danger : il demande justice au parlement, et paraît accuser le coadjuteur, qui se défend avec une éloquence d'autant plus persuasive, que, pour cette fois, elle était fondée sur la vérité. L'aventure de Jarzai, que M. le Prince soutint, et le mariage du duc de Richelieu, qui déplaisait à la cour, et que ce prince avait favorisé, achevèrent de le perdre dans l'esprit de la reine : Mazarin envenime auprès d'elle toutes ses actions, et lui trouve des crimes jusque dans ses exploits; il s'unit secrètement à la Fronde pour assurer son projet, et redoubler de fausseté avec le prince. La duchesse de Chevreuse paraît sur la scène des événements, elle devient l'ame de ce complot. On parvient à détacher le duc d'Orléans de M. le Prince; ce dernier est averti de toutes parts qu'on veut attenter à sa liberté. Les discours obligeants de la reine, les protestations de Mazarin, la grandeur de son rang, tout contribue à l'empêcher d'ajouter foi à ces avis; il les méprise, et tombe enfin dans le piége qu'on lui préparait avec tant d'intrigues et de faussetés.

Le lundi 18 janvier, ce prince se rend au Palais-Royal, à son ordinaire, à l'heure du conseil. A peine est-il entré dans la galerie où les membres s'assemblaient, que Guitaut, capitaine des gardes de la reine, s'approche de lui, et lui dit à l'oreille qu'il a l'ordre de l'arrêter ainsi que le prince de Conti et le duc de Longueville. M. le Prince étonné, s'écrie : « C'est donc là le prix de mes services ! » Mais sans faire de résistance, il fait demander à voir la reine qui le refuse, et il se laisse conduire par Guitaut au milieu d'une haie de gardes et de gendarmes, auxquels il dit en passant : « Mes » amis, ce n'est pas ici la bataille de Lens. » Ce mot ne pouvait avoir d'autre réponse que le silence ou la révolte. La fidélité l'emporta sur l'attachement ; il fallait passer par un endroit assez obscur : « Guitaut, dit M. le Prince, » sans s'arrêter, ceci ressemble bien aux états » de Blois. Ne craignez rien, Monseigneur, lui » répondit Guitaut, je ne m'en serais pas » chargé. » Arrivés au passage du Palais-Royal, qui donne dans la rue de Richelieu, Guitaut fait monter les princes en carrosse sous la conduite de Miossens, et leur annonce qu'on va les conduire à Vincennes. La voiture casse en chemin; M. le Prince, l'homme le plus leste de son temps, saisit le moment, s'échappe. Un fossé qu'il allait sauter, assurait sa liberté, lorsqu'un des gardes le joint, et, le pistolet sur la gorge, le force à revenir.

On arrive, rien n'était prêt pour recevoir des prisonniers de cette importance; ni lits, ni meubles, ni souper; M. le Prince avale deux œufs, se jette sur la paille, et dort douze heures de suite. A son réveil, il s'occupe à consoler, à distraire les compagnons de sa disgrâce. Le prince de Conti, dont la dévotion était la seule ressource, demande une imitation de J. - C. M. le Prince, plus occupé du présent que de l'avenir, demande qu'on lui donne l'imitation de M. de Beaufort (qui avait trouvé le moyen de s'évader de la même prison). Ce prince était vivement affecté du traitement qu'il éprouvait; mais son courage et son caractère soutinrent toujours les charmes de son esprit et de sa conversation. Il s'était attaché, par ses manières franches et aisées, tous ceux qui l'approchaient. Comminges, homme de sens et d'esprit, qui répondait de sa personne, ne put retenir ses larmes quand il fallut quitter son prisonnier; et tel était le talent de M. le

Prince pour s'attacher les hommes, que la captivité, près de lui, paraissait préférable à la liberté loin de sa personne; mais de Bar, successeur de Comminges, homme insensible, uniquement occupé de sa fortune, loin d'imiter son prédécesseur, ne chercha que le moyen d'appesantir les chaînes de ce prisonnier, en le privant de toutes les consolations qui font, pour ainsi-dire, le bonheur des malheureux ; il tâchait même de lui faire entrevoir les suites les plus fâcheuses de sa détention; mais il ne put jamais ébranler la fermeté de M. le Prince.

Le peuple de Paris, séduit par la Fronde, se livra, dans le premier moment de cette catastrophe, à la joie la plus indécente; mais la reine, voulant se justifier aux yeux de la nation, du coup d'autorité qu'elle venait de faire, publia une longue déclaration qui contenait des imputations si vagues et si dénuées de preuves, qu'elle produisit un effet tout contraire à celui qu'elle s'en était promis. Mazarin, de son côté, poussa les choses jusqu'au point de chasser tous les officiers et domestiques du prince, de s'emparer de leur argent et de leurs papiers, et de faire vendre leurs meubles à l'encan. Tant d'audace et d'injustices révoltent enfin toute la France, et ce grand prince, qui, jusqu'alors, n'avait eu que des amis, trouva bientôt des vengeurs.

Bouteville et le comte de Tavannes sont les premiers à lever des troupes en Bourgogne. Ils ont d'abord quelques avantages, mais ils sont bientôt obligés de céder à celles du roi, et de leur remettre Bellegarde où ils s'étaient jetés. Le mauvais état de toutes les places de M. le Prince était la preuve la plus sûre de la fausseté des imputations dont le cardinal essayait de le noircir. On n'eut pas de peine à s'emparer de toutes ses possessions. Le Clermontais, la ville de Bourges, tombent au pouvoir de la cour, et bientôt il ne lui reste que Stenai et Montrond en Berry.

Les ducs de Bouillon et de la Rochefoucauld cherchent à soulever en sa faveur les provinces au-delà de la Loire. Une partie des grands et de la noblesse se dispose à s'armer pour les princes. Les intrigues et les cabales se multiplient; effet presque certain des injustices outrées. Madame la princesse et sa belle-mère s'étaient retirées à Chantilly avec le duc d'Enghien, leur fils. Le cardinal les trouvant trop près de Paris, leur envoie l'ordre de se retirer à Montrond, et fit en même temps paraître quelques troupes aux environs de Chantilly. Les princesses, averties par Blanchefort, l'un de leurs gentilshommes, craignirent avec raison qu'on ne voulût s'assurer d'elles, s'emparer de Montrond, et les y retenir prisonnières. Mais par les avis de Lainé, conseiller-d'état, l'un des plus zélés partisans de M. le Prince, elles trouvent le moyen de tromper le sieur du Vouldy, gentilhomme chargé des ordres de la reine. La princesse douairière gagne du temps, en prétextant que son âge et sa santé ne lui permettaient pas d'entreprendre sur-le-champ un si grand voyage, et qu'elle allait en écrire au duc d'Orléans. La jeune princesse, qui était malade, se lève et met dans son lit la demoiselle Gerbier, l'une de ses filles d'honneur, qui répond pour elle, et le fils du jardinier prend la place du jeune d'Enghien. A la faveur de ce déguisement, dont du Vouldy fut la dupe pendant quelques jours, la jeune princesse eut le temps de faire tous ses préparatifs pour s'évader avec son fils, âgé de sept ans, qu'elle fit habiller en fille.

Pour que ce projet ne fût pas découvert avant d'être exécuté, on fit sortir le lundi 11 avril, sur le soir, comme pour la promenade, un carrosse à deux chevaux, dans lequel on cacha des harnais pour quatre autres. Quelque temps après, on fit sortir quatre chevaux, comme pour les conduire à l'abreuvoir. Le rendez-vous général était à l'entrée de la forêt de Chantilly sur le bord de la pelouse. La princesse, son fils et ses dames s'y rendirent en sortant à pied par le côté du jardin de Buckau, escortés seulement de deux gentilshommes qui devaient, en cas d'attaque, s'enfoncer avec le jeune prince dans le plus épais de la forêt. Cette petite troupe traversa, sans obstacle, pour aller prendre la route de Louvre; les autres gentilshommes et Lainé, avec quelques valets, prirent par le côté où est le grand chemin d'aujourd'hui. La princesse et sa suite entrèrent dans Paris par des chemins différents, sans que la cour s'en doutât, toute la troupe se rejoignit à la porte Saint-Victor ; et par l'adresse de Lainé, qui conduisait tout, après bien des frayeurs et des dangers, elle arriva heureusement à Montrond le jeudi 14 à minuit.

La princesse douairière avait été chargée d'avoir l'œil aux intérêts des princes dans Paris, et de tâcher d'émouvoir le peuple. Elle présenta requête au parlement, le 27 avril ; mais le cardinal et la Fronde surent en éluder l'effet. Le duc de la Rochefoucauld alors lève l'étendard de la révolte : le duc de Bouillon suit son exemple. Madame la princesse et son fils s'échappent de Montrond, bloqué par le comte de Saint-Agnan, traversent plusieurs provinces, restent huit jours à Turenne ; et après bien des négociations, entrent dans Bordeaux le 31 mai, au bruit du canon de la ville, des châteaux et des quatre vaisseaux qui se trouvaient dans le port, et aux acclamations d'un peuple immense qui jetait des fleurs sur leur passage et les comblait de bénédictions.

Dès le lendemain, cette princesse se rend au parlement, tenant son fils par la main ; elle présente sa requête en fondant en larmes. Le jeune prince s'écrie : « Messieurs, servez-moi » de père, Mazarin m'a ôté le mien. » Le spectacle touchant de la grandeur suppliante, de l'innocence opprimée, et des grâces en pleurs, firent le plus grand effet sur les magistrats, divisés auparavant dans leurs avis comme dans leurs intentions : l'attendrissement réunit tous les cœurs, et l'on vit, une fois, la sensibilité dicter un arrêt dans le temple de la Justice. Dès le lendemain, cette princesse présente requête, et obtient un arrêt en faveur des princes.

Mazarin, instruit de ce qui venait de se passer dans la capitale de la Guyenne, accourt avec une armée pour la faire repentir de sa démarche, et, suivant son usage ordinaire, cherche à semer la division dans cette ville, et y parvient en partie. Cependant les partisans des princes l'emportent, et les habitants se décident à soutenir un siége avec vigueur. M. le Prince apprit dans sa prison, par son chirurgien, tout ce que sa femme faisait pour lui; il arrosait alors quelques œillets qu'on lui avait permis de cultiver. Ce grand prince desirait passionnément sa liberté, mais il comptait peu sur les démarches d'une femme. A la nouvelle qu'on lui annonçait, il ne se dérangea pas de son occupation; cependant, frappé de la bizarrerie de son étoile, il répondit à son chirurgien : « Mon ami, aurais-tu jamais » pensé que j'arroserais mon jardin, pen- » dant que ma femme ferait la guerre ? »

La résistance opiniâtre des habitants de Bordeaux étonna Mazarin, et le força bientôt à ne pas rejeter les ouvertures de paix. Le parlement de Paris envoya des députés pour offrir sa médiation; elle fut acceptée avec joie par tous les partis, et la paix fut bientôt conclue aux conditions les plus avantageuses pour le parti des princes. La princesse et son fils eurent la permission de se retirer à Montrond.

Il s'en fallait bien que ce calme apparent pût assurer la tranquillité du royaume; la liberté des princes était le seul moyen de la rétablir. Turenne, que les charmes de la duchesse de Longueville avaient entraîné dans son parti, avait toujours les armes à la main, et négociait avec l'archiduc; il parvint à décider l'Espagne à paraître s'intéresser à la cause qu'il soutenait avec tant de chaleur. Cependant l'archiduc, dont l'intérêt était plutôt de prolonger la guerre que de faciliter la paix, se refusait au seul parti qui pouvait forcer la cour de France à céder à tant d'efforts. Turenne pénétra les vues de ce prince, et prit la résolution d'agir seul. De suite, il s'empare d'une partie de la Champagne et défait le corps du marquis d'Hocquincourt. On propose alors à M. le Prince d'acheter sa liberté par le mariage du prince de Conti son frère, avec une des nièces du cardinal; mais il rejette cette proposition avec dédain.

Les amis et les partisans des princes s'occupaient sans cesse de leurs intérêts; mais la première chose était, avant tout, de les tirer de l'indigne prison où Mazarin les retenait. Gourville, cet homme dont le nom seul rappelle toutes les idées de zèle, d'intelligence et d'activité, était parvenu à séduire les gardes des princes détenus; le moment était pris, le signal était convenu, les chevaux étaient ordonnés. La veille de l'exécution, le projet échoua par le scrupule d'un gentilhomme qui crut devoir tout révéler à son confesseur. Cette entreprise et d'autres qu'on craignait, déterminèrent la cour à faire transférer les princes au château de Marcouffy. Peu de temps après, ils furent une seconde fois sur le point de recouvrer leur liberté par les soins du duc de Nemours; tout était encore prêt pour leur évasion, quand on vint leur annoncer qu'on allait les conduire au Hâvre-de-Grâce. Ce fut le comte d'Harcourt qui fut chargé de les accompagner pendant la route, et ce fut à cette occasion que M. le Prince, que sa gaîté n'abandonnait jamais, fit cette chanson si connue:

> Cet homme gros et court,
> Si fameux dans l'histoire,
> Ce grand comte d'Harcourt,
> Tout rayonnant de gloire,
> Qui secourut Casal et qui reprit Turin,
> Est maintenant recors de Jules Mazarin.

Tant de projets déconcertés et de tentatives infructueuses, firent perdre à la princesse de Condé douairière, toute espérance de la liberté de ses enfants; elle en tomba malade, et, le 2 septembre de la même année, succomba sous le poids de sa douleur. La reine lui fit rendre les honneurs funèbres les plus distingués, et cette princesse emporta dans le tombeau les regrets universels qu'elle méritait.

Anne de Gonzague, connue sous le nom de princesse Palatine, parce qu'en premières noces elle avait épousé un prince Palatin, se mit alors à la tête du parti des princes dans Paris, par la seule estime que lui inspiraient les grandes qualités de M. le Prince; elle parvint à gagner la Fronde, en mettant Gondy dans ses intérêts. Mazarin part pour se rendre à l'armée du maréchal du Plessis-Praslin. Le parlement, par les soins du premier président, reçoit une requête de madame la princesse et une lettre des princes, et commence à travailler efficacement pour leur liberté. Pendant ce temps, Turenne est battu à Rhetel; et son armée est dispersée par le maréchal du Plessis-Praslin, en présence du cardinal. Cette nouvelle porte la consternation dans Paris; où tous les partis s'étaient réunis pour opérer la liberté des princes. Aussitôt le coadjuteur ranime les esprits ; à force d'intrigues, d'adresse et d'activité, il trouve le moyen d'augmenter le déchaînement contre le cardinal, et de le rendre odieux et ridicule aux yeux du peuple, par les mêmes causes qui l'enchaînent d'ordinaire, la victoire et le bonheur ; ce qui prouve que l'opinion populaire ne dépend souvent que de l'ame forte et adroite qui sait la diriger.

1651. Le cardinal, pendu en effigie, pendant ses succès militaires, revient à Paris, où il eut des entrevues secrètes avec le duc de la Rochefoucauld, l'un des amis les plus zélés de M. le Prince ; mais elles furent sans effet. La force des remontrances du parlement, en faveur des princes, eut plus de succès. La reine promet la liberté des illustres prisonniers. Le duc d'Orléans se rend au palais, et déclare au parlement qu'il se joint à lui pour obtenir la liberté de ses cousins : cette démarche jette la cour dans la plus grande consternation. La reine mande Gaston, qui ne se rend point à ses ordres, malgré les instances du parlement, dans la crainte qu'on ne lui réservât le même sort qu'aux princes détenus. La noblesse s'assemble et demande leur liberté : Mazarin, abandonné de tout le monde, sort enfin de Paris, et le parlement rend un arrêt qui lui enjoint de sortir du royaume. La reine est obligée de céder à tant d'efforts; elle signe la liberté des princes; mais en même temps elle écrit au cardinal qu'elle l'en laisse le maître. On nomme des députés pour aller annoncer leur délivrance. Cependant on soupçonne, avec quelque fondement, que la reine veut quitter Paris avec le roi; en conséquence on investit le Palais-Royal; on l'y retient malgré elle. Mazarin, voyant qu'il n'y a plus rien à espérer, se presse d'arriver au Hâvre avant des députés de la cour, pour annoncer aux princes leur liberté.

Le 13 février, le cardinal arrive, se fait ouvrir la prison des princes; il leur déclare qu'ils sont libres, et les prie d'oublier le passé, en leur demandant leur amitié. M. le Prince le reçut poliment, mais avec sa noblesse ordinaire. A son départ, Mazarin s'humilia jusqu'à se jeter à ses genoux, et à baiser sa botte. Le prince, fatigué de tant de bassesses, se contenta de lui dire : Adieu, M. le cardinal.

M. le Prince se rendit en trois jours à Paris, par Rouen, Pontoise et Saint-Denis, où il fut complimenté, de la part de la reine, par ce même Guitaut qui l'avait arrêté. Le duc d'Orléans et les chefs de la Fronde allèrent au-devant de lui jusqu'au-delà de la Chapelle, et le menèrent descendre au Palais-Royal, au milieu des acclamations de ce même peuple qui avait fait des feux de joie lorsqu'il fut arrêté. La visite fut froide, et l'entretien fut court. De là, le prince se rendit au Luxembourg, où l'attendaient la fête la plus brillante et le concours de tous les ordres de l'état, empressés de le revoir et de le féliciter sur son retour. Il fut le même jour rendre visite au duc de Nemours et à la princesse Palatine, qui l'avait si bien servi. M. le Prince ne se retira que très tard, et se rendit le lendemain au parlement, pour le remercier de ses bons offices. La reine lui rendit ses biens, ses charges et ses gouvernements ; elle lui fit la réparation la plus éclatante, en reconnaissant son innocence par une déclaration qu'elle envoya au parlement le 27 mars, et qui fut enregistrée avec acclamation. Cette cour rendit un nouvel arrêt contre Mazarin, par lequel elle poussa les choses au point d'exclure tous les cardinaux des conseils du roi.

M. le Prince, au faîte des grandeurs, chéri de la noblesse, aimé du parlement, soutenu par la Fronde, adoré du peuple, redouté par la cour, sentit toute sa puissance, et n'en abusa pas. Mazarin, au contraire, détesté, banni, bafoué, presque anéanti par le vœu de la nation, conserva son pouvoir, malgré son absence, et, du sein même de l'opprobre dont il était couvert, il osa former encore l'audacieux projet de s'élever, à force d'intrigue, sur les ruines de ce héros qui l'avait terrassé sous le poids de son existence et de ses vertus.

La duchesse de Longueville qui n'avait évité la captivité qu'en se sauvant précipitamment, d'abord à Dieppe, puis à Rotterdam, ensuite à Stenai, revient à Paris, et décide son frère à rompre le mariage du prince de Conti avec mademoiselle de Chevreuse. La rupture de cette alliance, à laquelle on avait engagé M. le Prince de coopérer, pour attirer la Fronde dans ses intérêts, lui enleva ce parti, et lui en fit perdre le chef; ce coadjuteur, l'ame de toutes les intrigues du temps, qui prenait tant d'intérêt à madame de Chevreuse, et surtout à sa fille.

M. le Prince obtint le gouvernement de Guyenne en place de celui de Bourgogne, et sollicita, par reconnaissance et par inclination, des grâces pour tous ses amis, qui l'avaient trop bien servi pour qu'il ne mît pas la plus grande chaleur à les obtenir. Cette conduite honorable fut au contraire présentée comme criminelle, par l'invisible et tout-puissant Mazarin. Il triomphait en secret de voir la Fronde détachée de son plus cruel ennemi, et travaillait avec plus d'ardeur à la perte de ce grand homme. M. le Prince éprouva des refus sur ses demandes, et ne se dissimula pas d'où ils partaient. Ses amis, trop exigeants sans doute, l'accusèrent d'ingratitude, et plusieurs se détachèrent de lui. Pénétré de douleur de ce qu'il éprouvait, le prince en accuse le cardinal, et découvre ses menées au parlement.

La reine, dont la seule affaire importante était le retour de Mazarin, redouble de haine contre M. le Prince; et, par les conseils de ce ministre, s'abaisse jusqu'à mendier contre lui l'appui de ce même Gondy, jusqu'alors le plus terrible ennemi de l'autorité royale. Dès-lors la conduite de la cour prépara M. le Prince à voir fondre sur lui l'orage qui se formait sur sa tête. La nuit du 5 au 6 juillet, il fut averti, au moment où il allait se coucher, qu'on avait vu filer des troupes du côté de son hôtel, et qu'il n'avait pas un moment à perdre pour ne pas être arrêté. Sur-le-champ il sort de Paris par la porte Saint-Michel, accompagné de deux gentilshommes, prend d'abord du côté de Fleury et de Meudon, et, par des chemins détournés, arrive le lendemain à Saint-Maur. Son frère, sa sœur, et les plus illustres de ses amis, y arrivent en même temps que lui. M. de Turenne y vint peu de jours après. M. le Prince le prit à part, et se promena tête à tête avec lui dans le parc, pendant plus de deux heures. Dans cette conversation, le prince employa tous les charmes de son éloquence et tous les moyens de séduction pour s'assurer du Vicomte; mais Turenne fut inébranlable, et ne voulut jamais prendre un engagement positif.

La retraite de M. le Prince fit la plus grande sensation dans Paris, et malgré les artifices de la Fronde et de la cour, malgré les malheurs qu'on envisagea, tout le monde l'approuva d'avoir mis sa personne en sûreté. L'exemple du passé était trop récent pour n'être pas décisif; et le Prince conservait dans son cœur un ressentiment trop vif de sa captivité, pour s'exposer une seconde fois à une pareille insulte. « Dans cette fatale prison, » disait-il au célèbre Bossuet, j'étais entré le

» plus innocent des hommes, mais j'avoue
» que j'en suis sorti le plus coupable. »

M. le Prince eut bientôt à Saint-Maur la cour la plus brillante; la reine, pour le rendre suspect aux partisans qu'il acquérait tous les jours, voulut entamer une négociation avec lui, et lui envoya le maréchal de Grammont pour l'engager à revenir à Paris. M. le Prince sentit le piége, et sut l'éviter, en recevant le maréchal en présence de toute sa cour, et en lui répondant tout haut que la reine l'avait trompé trop souvent, et qu'il resterait dans sa retraite jusqu'à ce que les créatures et les agents secrets du cardinal fussent éloignés du ministère et de la cour. De suite, il envoya son frère porter au parlement une lettre dans laquelle il lui faisait part du motif de sa démarche, et lui demandait ses bons offices pour éloigner entièrement les trois ministres dévoués au cardinal. Le parlement, après quelques irrésolutions, apprécie la demande de M. le Prince; la reine promet l'éloignement des ministres le Tellier, Servien et de Lyonne, mais à condition qu'ils ne seront point nommés dans la déclaration qui éloignerait tous les amis du cardinal. M. le Prince, au contraire, exigea qu'ils le fussent; cela déplut au parlement, qui le pressa, mais sans succès, de retourner au Palais-Royal. On ne peut aisément expliquer cette conduite du prince, qui pensa lui enlever beaucoup de partisans, qu'en supposant qu'il avait déjà pris le parti de s'élever contre la cour, et qu'il ne cherchait que le prétexte d'éclater ; cependant le moment n'était pas encore arrivé.

Condé quitte Saint-Maur et revient habiter Paris, affectant de mener toujours avec lui la plus grande suite. La reine annonce qu'elle va placer au ministère les plus grands ennemis de M. le Prince ; et c'est à regret qu'on est forcé de donner ce titre au célèbre Molé : son nom seul dans cette liste préviendrait contre la conduite de M. le Prince, quand même elle serait excusable. Il faut cependant avouer que l'éclat des fautes ou des vertus des hommes, n'est souvent que l'effet des circonstances où le sort les a placés, et de l'opposition des caractères qui se trouvent alors en action. M. le Prince, à la place de Molé, eût mis, comme lui, toute sa gloire à se montrer le plus vertueux des magistrats et des citoyens; Molé, à celle de M. le Prince, eût préféré, sans doute, le titre du plus sage et du plus soumis des sujets, à celui du plus fier des princes ; et peut-être l'injuste postérité n'eût-elle parlé ni de l'un ni de l'autre.

Mais comment M. le Prince pouvait-il éviter l'abîme où, tout ce qui l'entourait s'empressait de le précipiter ? S'il n'eût été sans cesse dominé par les conseils violents de sa sœur, la plus séduisante princesse et la plus aimée par les ducs de Nemours, de Bouillon et de la Rochefoucauld, qui l'avaient si bien servi, ce prince eût trouvé des armes en lui-même contre le ressentiment des injures qu'il avait éprouvées : mais il était sans force contre son propre cœur, contre ce penchant auquel il est si doux de se livrer pour des parents, des amis, dont on a connu l'attachement par des preuves aussi certaines. Quels malheurs ce grand prince n'eût-il pas épargnés à la nation et à lui-même, si l'amitié ne l'avait pas aveuglé au point de ne pas soupçonner que ses amis pouvaient l'être par leurs propres intérêts ? La duchesse de Longueville ne pouvait-elle pas chercher à se dérober, à quelque prix que ce fût, au pouvoir d'un mari qu'elle détestait et qu'elle avait lieu de craindre ? Le duc de Nemours, quoiqu'ami du prince, aimait comme lui la duchesse de Châtillon, et le desir d'éloigner un rival aussi dangereux pouvait influer sur les conseils qu'on lui donnait; le duc de Bouillon brûlait de rentrer en possession de Sedan, et la guerre civile en était le seul moyen: le duc de la Rochefoucauld pouvait-il avoir un autre avis que celui de la duchesse de Longueville, qui le dominait entièrement? Toutes ces considérations auraient dû balancer, sans doute, la confiance sans bornes que M. le Prince leur accordait à tous; mais incapable de donner des conseils insensés, il jugeait ses amis par lui-même; il les écouta, les crut, et Sillery se rendit à Bruxelles pour traiter avec les Espagnols. Ces fiers ennemis de la France, malgré l'épuisement où les avait réduits le héros qui se voyait forcé d'implorer leur assistance, n'hésitèrent point à promettre les secours de tout genre dont il pouvait avoir besoin; mais Fuensaldagne avec qui l'on traitait, en feignant d'accorder tout, était bien résolu d'entretenir l'incendie, bien loin de contribuer à l'éteindre.

LIVRE TROISIÈME.

M. le Prince reste encore à Paris, mais il fait partir pour Montrond sa femme, son fils et sa sœur; il va au parlement, y obtient un nouvel arrêt en sa faveur contre Mazarin et ses partisans, et, d'après les instances de cette cour, il se présente au Palais-Royal, où il fut reçu d'un air si contraint, qu'il n'y retourna plus. La Reine se détermine à lancer une déclaration foudroyante contre lui; elle en fait faire lecture en présence des princes, de tous les grands, et de tous les corps; il paraît que la violence de cette démarche fut ce qui acheva de décider M. le Prince à la guerre civile. Il va au parlement, y produit un écrit de Gaston, qui le soutient, se justifie, article par article, des accusations qu'on élève contre lui, et nomme le coadjuteur, comme auteur de la déclaration produite par la reine.

La délibération du parlement fut remise au lundi 21 août. Ce jour-là, Gondy, de l'aveu de la reine, remplit le palais de gens armés, et fait ses dispositions pour attaquer la suite de M. le Prince, qui n'ignore pas ces mouvements, et se rend au palais, accompagné du prince de Conti, des plus grands seigneurs, et de plus de 800 gentilshommes. Après quelques paroles vives entre M. le Prince et le coadjuteur, il s'élève dans le palais un bruit confus, signal du plus prochain désordre et du combat le plus inouï. Molé, en invoquant la grande ame du prince par les mânes de S. Louis, parvient à lui faire donner ordre au duc de la Rochefoucaud de faire retirer ses amis : Gondy est forcé d'aller lui-même congédier les siens; mais ses gens, en le voyant paraître, croient que c'est le moment d'engager le combat : les deux partis mettent l'épée à la main. Gondy eut tant de peur qu'il voulut se réfugier dans la grande chambre; mais le duc de la Rochefoucaud eut l'adresse de fermer la porte du parquet des huissiers, dans le moment où il passait, et le prit par le cou en fermant la barre : plusieurs poignards furent levés sur lui; mais la Rochefoucaud ne voulut pas se souiller d'un crime. Champlatreux, conseiller, dégagea le prélat par pitié; et, par l'entremise du parlement, les deux partis se retirèrent chacun de leur côté.

La reine, insensible aux prières, et décidée par la frayeur des créatures de Mazarin, voulut défendre aux deux chefs d'aller au parlement; mais Molé, toujours juste et toujours Français, lui représenta que cette parité était contre l'ordre et la justice, et qu'elle ne pouvait défendre à un prince du sang l'entrée du parlement, où sa naissance marquait sa place; le coadjuteur seul reçut ordre de ne pas s'y montrer.

Le lendemain, le parlement prit un arrêté de la plus grande force, en faveur de M. le Prince. Quelques jours après, ce dernier rencontra le coadjuteur à la tête d'une procession; il descend de carrosse, et se jette aussitôt à genoux pour recevoir sa bénédiction. Ces marques extérieures de piété, de la part des grands, plaisent toujours au peuple : le prélat, sans se déconcerter, donna sa bénédiction au prince; mais la singularité de ce tableau, d'après surtout ce qui s'était passé la veille, rappela tout d'un coup au peuple les excès du coadjuteur; il l'accabla d'injures, et eût poussé les choses plus loin, si M. de Condé n'eût pas envoyé ses gens à son secours.

Le moment de la majorité de Louis XIV

était arrivé; M. le Prince, averti qu'il serait arrêté dans la cérémonie qui devait avoir lieu à cette occasion, ne crut pas devoir y assister, et se retira dans la terre de Trie, appartenante au duc de Longueville, qu'il cherchait à mettre dans son parti, ce qui aurait entraîné toute la Normandie; mais le duc s'y refusa, moins par amour de son devoir que par des raisons personnelles. La cour fit faire une tentative pour s'emparer de la personne du prince à son passage à Pontoise, mais il eut le bonheur d'échapper à cette embuscade; et ce fut dans cette campagne, qu'en proie à ses réflexions, retenu par ses victoires passées, tourmenté du chagrin d'abandonner Chantilly qu'il aimait, déchiré par la peine de quitter la duchesse de Châtillon, flottant entre le devoir et la révolte, il reçut de la part des Napolitains l'offre de leur trône; mais il n'en fut point ébloui, et, sans faire valoir ce sacrifice, il écrivit au duc d'Orléans pour proposer des moyens d'accommodement. La reine, loin de les écouter, admit alors au ministère les ennemis les plus déclarés de ce prince, Molé, Châteauneuf et la Vieuville, et donna l'ordre au duc d'Aumont de tailler en pièces le corps de troupes qui appartenait à M. le Prince. Tavannes le sauva par la manœuvre la plus savante, et le conduisit à Stenai; mais cette conduite de la Reine et les ordres sanglants qu'elle donna furent un véritable commencement de guerre civile.

Il est tellement vrai que M. le Prince ne se décida réellement à soutenir cette guerre qu'après avoir été poussé à bout, qu'en quittant Chantilly, où il allait être enveloppé, il envoya encore au duc d'Orléans un nouveau plan de pacification, dont il demanda la réponse dans vingt-quatre heures à Angerville, chez le président Perrot, où la crainte d'être arrêté ne lui permettait pas de rester plus long-temps. Gaston reçut une réponse favorable; mais au lieu de renvoyer de suite le courrier, il ne répondit que le lendemain, d'après le conseil du coadjuteur, et le courrier fut expédié pour Angerville; cette méprise, soit qu'elle fût une suite de l'intrigue, ou simplement l'effet du hasard, fut la cause de tous les malheurs de M. le Prince.

Effrayé de ne pas recevoir de réponse, et sa santé ne lui permettant pas d'attendre, il prit le parti de se rendre à Bourges: son plan était tout prêt, il ne lui restait plus qu'à l'exécuter; cependant il retombe encore dans une incertitude qui semblait contraire à son intérêt, mais que son penchant cherchait à prolonger. La reine lui fit proposer de rester tranquille dans son gouvernement de Guienne, jusqu'à ce qu'on eût assemblé les états-généraux. Si M. le Prince n'eût consulté que lui seul, il acceptait, mais ses dangereux amis, et surtout la duchesse de Longueville, mirent le comble à leurs perfides conseils, en le déterminant à refuser. Il se rend à Bordeaux, et y est reçu avec enthousiasme; il parvint, à la hâte, à lever dix ou douze mille hommes, et saisit l'argent des recettes royales : le prince de Conti en use de même dans le Berry et dans le Bourbonnais. MM. de Bouillon et de Turenne, à qui il avait fait les plus grands avantages, sur leurs paroles positives de s'unir à lui, après des délais déja suspects, refusent de se déclarer en sa faveur. M. de Bouillon s'offre pour médiateur entre les princes et la cour; mais M. le Prince se refuse à tout, et la cour se met en marche pour porter la guerre en Guienne. Le comte d'Harcourt commandait les troupes; Bourges se rend au roi, ainsi que le prince de Conti. La duchesse de Longueville et le duc de Nemours se retirent à Bordeaux. Le roi envoie au parlement une déclaration contre les princes rebelles et leurs partisans ; cette compagnie ne l'avait pas attendu pour signaler son zèle contre eux, sans cependant avoir nommé M. le Prince. Maître, en quinze jours, de la Guienne, de l'Angoumois, du Périgord, de la Saintonge, il allait l'être de Coignac sur la Charente, par les soins du duc de la Rochefoucaud, si le débordement subit de cette rivière n'avait pas entraîné les ponts et séparé ses quartiers, sur l'un desquels le comte d'Harcourt obtint un avantage. La Rochelle, qui tenait pour le prince, se rend aux troupes du roi. D'Harcourt marche à Tonnay-Charente, où M. le Prince s'était retiré après l'échec de Coignac, et le force à repasser la Charente. La négligence d'un officier-général qu'il avait chargé de brûler le pont derrière lui, pensa opérer la défaite entière de son armée ; mais l'audace et la sagesse de ses dispositions déconcertèrent celles du comte d'Harcourt, et donnèrent le temps au renfort que M. de Marsin amenait de Catalogne, de se joindre aux troupes du prince. Il reçut en même temps quelques secours de l'Espagne, en hommes, en argent et en munitions ; mais ce n'était qu'un faible dédommagement des coups qu'on lui portait dans la capitale. Gaston l'abandonnait, le parlement se déclarait contre lui, son parti s'affaiblissait de jour en jour, et M. le Prince allait infailliblement succomber, si le mauvais état de ses affaires n'avait pas persuadé à la reine qu'elle était assez forte pour faire revenir Mazarin. Ce projet seul rendit à M. le Prince la plupart de ses partisans, et lui en procura beaucoup de nouveaux.

Mazarin rentre en France, et le parlement qui avait rendu contre lui les arrêts les plus foudroyants, qui avait mis sa tête à prix, par une conduite bien inconséquente, déclara criminel de lèse-majesté M. le Prince, qui n'avait pris les armes que pour éloigner ce ministre. Le duc d'Orléans flotte au gré de son incertitude ordinaire; les partisans de Condé, dans Paris, saisissent un moment d'indignation du parlement, et obtiennent un arrêt en sa faveur. Mazarin se rend auprès de la cour, alors à Poitiers, et reçoit du roi l'accueil le plus distingué. M. le Prince, sur la nouvelle que la cour a quelques intelligences à Bordeaux, part avec peu de troupes pour s'y rendre, et laisse le reste sous les ordres du prince de Tarente et du comte de Doignon. Le comte d'Harcourt le suit; mais, par la lenteur de ses dispositions, il donne le temps à M. le Prince de gagner, sans être entamé, Bergerac et Libourne, qu'il fortifia.

Le parti du roi se renforçait de tous les côtés: M. le Prince n'en était point découragé; son génie et ses talents lui faisaient toujours envisager des ressources. Il va joindre le prince de Conti à Stafford, surprend le marquis de Saint-Leu, et remporte un avantage considérable sur le corps qu'il commandait; il poursuit sa cavalerie jusqu'aux portes de Montauban, ville peuplée de partisans. M. le Prince qui pensait à tout, leur écrit pour les décider à se déclarer pour lui. Ces hommes, si dangereux sous les règnes précédents, ces sujets tant de fois rebelles, prouvent en ce moment que l'attachement à leur religion était le seul sentiment qui pût l'emporter dans leur cœur sur celui qu'ils devaient à leur maître, et ils se refusèrent avec fierté aux offres de M. le Prince; il revient devant Miradoux, où le reste du détachement de Saint-Leu s'était retiré. Après l'attaque et la résistance la plus vigoureuse, l'approche du comte d'Harcourt force M. le Prince à mettre la Garonne entre l'ennemi et lui; le comte d'Harcourt la passe et le force de se retirer à Agen. Les habitants de cette ville se mirent en devoir de résister à ses troupes ; mais il leur parla avec tant de douceur et d'éloquence, qu'il parvint à les calmer et à s'établir dans la ville.

Il s'éleva des factions dans Bordeaux ; les charmes et la légèreté de la duchesse de Longueville semèrent la division entre le prince de Conti, le duc de Nemours, et le duc de la Rochefoucaud ; et les intérêts du plus grand des princes sont compromis et sacrifiés par la coquetterie d'une femme.

Dans Paris, au contraire, on les soutenait en ce moment avec chaleur ; Gaston avait changé d'avis, il venait de se déclarer pour M. le Prince : il levait une armée ; mais il proposait des moyens criminels et mal conçus pour la faire subsister, et le parlement s'y opposa. Les comtes de Fiesque et de Jaucourt saisirent ce moment, et vinrent à bout de lui faire signer un traité d'union avec M. le Prince. Le duc de Nemours se met en campagne avec les troupes de Stenai et quelques régiments espagnols. Mais le desir de voir à Paris la duchesse de Châtillon, lui fit manquer tout le succès que le parti devait attendre de lui. Le duc de Rohan-Chabot, gouverneur d'Anjou, qui devait de la reconnaissance à M. le

Prince, se déclare en sa faveur. La cour fait le siége d'Angers et s'en empare; Orléans ferme ses portes aux deux partis; Mademoiselle, fille de Gaston, trouve le moyen d'y entrer et de faire déclarer cette ville contre le roi. Combat de Gergeau où le duc de Beaufort et le brave Sirot sont battus par le vicomte de Turenne, général de l'armée du roi. Division entre le duc de Nemours et le duc de Beaufort, son collègue; elle détermine M. le Prince à quitter la Guienne, et à venir prendre lui-même le commandement des troupes qui leur étaient confiées. Il laisse à son frère le soin de ses affaires en Guienne, après lui avoir prescrit la conduite qu'il doit tenir, et part d'Agen à midi, suivi seulement du duc de la Rochefoucaud, de trois ou quatre seigneurs de son parti, et d'un seul valet-de-chambre, s'abandonnant ainsi à sa fortune et à son courage. Dans sa route, deux ou trois gentilshommes très déterminés se joignent à lui; sa troupe était en tout de dix personnes, et le prince était habillé en courrier, sous le nom de Motteville. Après avoir surmonté toutes les difficultés qu'il eut à vaincre pour éviter d'être reconnu, pour trouver des chevaux, enfin pour échapper à tous ces partis de l'armée royale qui le cherchaient, il rejoint son armée aux environs de Lorris. Il était temps qu'il y parût, la division, le désordre et le découragement étaient à leur comble dans ses troupes; mais la présence d'un grand homme suffit pour réunir, encourager, et tout réparer dans un instant. M. le Prince fut reçu par l'armée avec l'enthousiasme de l'amour et de la vénération; il savait jouir de ces moments, mais il n'oubliait jamais d'en profiter. Il marche à Montargis et s'en empare, ainsi que de Château-Gaillard, il apprend que les troupes du roi sont dispersées dans des cantonnements; il fond avec sa cavalerie sur ceux du maréchal d'Hocquincourt à Bleneau, s'empare de son artillerie, de ses bagages, et le fait poursuivre jusqu'aux portes d'Auxerre. Il rejoint son armée, pour se porter sur Briare où était M. de Turenne. Si M. le Prince avait eu le même succès de ce côté, comme il pouvait s'en flatter, c'en était fait, il était maître de la personne du roi, de la cour et de tout le royaume; mais les talents de Turenne et la fortune de Mazarin firent échouer cette entreprise, la mieux conçue de toute cette guerre, et enlevèrent à M. le Prince le criminel et dangereux honneur d'avoir soumis son maître.

Les partisans qu'il avait à Paris le pressaient d'y venir pour en imposer au parlement, contenir le cardinal de Retz et fixer le duc d'Orléans. M. le Prince ne sentit pas assez à quoi il s'exposait en laissant devant Turenne un autre que Condé. Il se laisse entraîner aux instances qu'on lui faisait, et prend la route de Paris. Gaston vient au-devant de lui à Juvigny avec l'aménité sur le front, l'amitié sur les lèvres, mais avec l'inquiétude dans l'esprit et la jalousie dans le cœur; enfin, malgré les intrigues du cardinal de Retz, M. le Prince entre dans Paris le 11 avril.

Dès le lendemain, malgré sa proscription, et ne se rappelant que celle de Mazarin, il va prendre sa place au parlement. Bailleul, qui présidait en l'absence de Molé, s'afflige hautement de cette démarche, mais il fut désavoué tout d'une voix. M. le Prince se justifie avec autant de force que d'éloquence, et l'ordre que le parlement reçoit de la cour d'annuler tout ce qui a été fait contre Mazarin, ramène tous les esprits en faveur du Prince. Cependant, les intrigues de la Fronde, conduites par le cardinal de Retz, parviennent à lui faire essuyer quelques dégoûts à la chambre des comptes, à la cour des aides et parmi le peuple. Il sentit tout l'embarras de sa situation, et en effet, il était également dangereux pour lui, vu l'incertitude des esprits, de retourner à son armée, ou de rester à Paris, de continuer ses négociations avec les Espagnols, ou d'en ouvrir avec la cour : et tel est le sort d'un chef de parti, dès qu'une fois il s'est écarté de la route du devoir, tous les chemins qu'il suit ne peuvent que l'égarer.

Les députés des cours souveraines et des communautés s'assemblent à l'Hôtel-de-Ville; Gaston porte la parole avec la dignité convenable, et M. le Prince promit de joindre ses troupes à celles du roi, dès que Mazarin aurait rempli le vœu de la nation en quittant le royaume. On arrêta des remontrances au roi: pendant ce temps, Tavannes s'empare d'Etampes; M. de Turenne vient camper à Chartres, la cour s'établit à Saint-Germain-en-Laye; on négocie pour la paix, elle échoue par l'infidélité de Chavigny, l'un des négociateurs des princes. On en renoue une autre; M. le prince fait les demandes les plus fortes, on est sur le point de les lui accorder; le duc de Bouillon y met des empêchements. La négociation traîne en longueur; on agit auprès du duc d'Orléans; enfin elle est encore rompue. De son côté, le cardinal de Retz redouble d'intrigues; il répand les écrits les plus satiriques et les plus injurieux contre le prince : celui-ci les lit, et les méprise. Un gentilhomme vient à Paris pour assassiner le cardinal de Retz. M. le Prince le sait, le fait venir, et lui ordonne de sortir de Paris sous douze heures, sous peine d'être pendu. On lui offre d'arrêter le cardinal dans un moment où il est sans défense, il le refuse; on entame une nouvelle négociation, aussi peu fructueuse que les précédentes. Celle dont la duchesse de Châtillon voulut se charger n'eut pas plus de succès que les autres, quoique M. le Prince, plus épris de ses charmes que jamais, lui eût donné des pouvoirs sans réserve, et peut être plus étendus qu'il ne devait; mais on sait que l'amour est le faible des grands hommes.

Mademoiselle, en revenant d'Orléans, qu'elle avait conservé au parti des princes, passe à leur armée; elle y est reçue avec toutes les recherches de la galanterie française et tous les témoignages de l'estime due à son courage. Il est à remarquer qu'à cette occasion, on décerna à mesdames de Fiesque et de Fontenac, qui l'avaient accompagnée dans cette expédition, un honneur dont je crois que les histoires anciennes et modernes n'offrent aucun exemple : on les reçut maréchales-de-camp à la tête de l'armée.

M. de Turenne saisit le moment où l'on fêtait Mademoiselle à l'armée des princes, pour battre, aux portes d'Orléans, un corps considérable de cette armée : une faute du maréchal d'Hocquincourt, qui s'était trop éloigné de Turenne, aurait pu fournir à Tavannes l'occasion, qui n'eût point échappée au coup-d'œil de M. le Prince, de réparer ce désastre, mais il ne la saisit pas. Mazarin voulut faire surprendre Saint-Cloud ; M. le Prince y marcha de suite avec peu d'infanterie, 300 chevaux, et environ 10,000 bourgeois : mais à peine est-il parvenu jusqu'au bois de Boulogne, qu'il apprend que les royalistes se sont retirés. Alors voulant profiter de l'enthousiasme qu'il inspire à cette multitude, il croit pouvoir s'en servir pour s'emparer de Saint-Denis ; mais elle l'abandonne au premier coup de fusil, et il reste, lui septième, sur le bord du fossé. Son exemple et sa fermeté lui ramènent une partie de ces fuyards, et il entre en vainqueur dans la ville, en forçant la garnison qui s'était retirée dans l'abbaye. Cette conquête ne resta pas long-temps à M. le Prince ; Saint-Denis fut attaqué et repris, quelques jours après, par les royalistes, les Parisiens n'ayant jamais pu se déterminer à faire une seconde tentative pour secourir cette ville. De son côté, M. de Turenne forme le siége d'Etampes, où l'armée des princes était renfermée.

Le duc de Lorraine, Charles IV, ce prince qui possédait tous les talents et tous les vices d'un guerrier et d'un politique, est appelé en France par Mazarin: la cour se rend à Melun; Tavannes se défend avec vigueur dans Etampes : les munitions commençaient à lui manquer; M. le Prince trouve le moyen de faire entrer dans la place un convoi commandé par le comte d'Escars. Turenne fait venir le roi au camp, espérant que sa présence influerait sur les rebelles. Tavannes trouve le moyen de ne pas paraître instruit de l'arrivée du roi à Melun; le duc de Lorraine trompe le cardinal, et se déclare pour les princes; ils vont au-devant de lui jusqu'au Bourget, avec tout ce qu'il y avait de gens de qualité dans Paris, et l'amènent dans la capitale.

Le duc d'Orléans voulait l'introduire au parlement, mais cette compagnie ne voulut jamais consentir à une semblable nouveauté. Le duc de Lorraine, sans doute, pour se prévaloir du service qu'il avait l'air de rendre au parti, voulut disputer le pas à M. le Prince, qui se garda bien de le lui céder. L'or de Mazarin détermine ce duc à quitter le parti des princes, et cependant il y met la condition que le siége d'Etampes sera levé. A peine est-il bien avec la cour, qu'il renoue une négociation avec les princes, et dès qu'il est d'accord avec eux, la crainte de voir détruire son armée par Turenne, qui le serrait de près, le décide à s'accommoder avec la cour. Le cri public, ce juge inflexible des grands, se fit entendre avec la plus grande force contre un prince qui se jouait ainsi des engagements les plus sacrés. Alors, Christine, reine de Suède, offre sa médiation aux deux partis; les princes l'acceptent avec joie, la cour la refuse avec dédain.

La disette se faisait sentir dans Paris, le peuple murmurait contre le parlement, et l'appelait *Mazarin*; mais cette compagnie ne se rendit à ses desirs que sur un objet peu important au bien public: il permit par un arrêt qu'on descendît la châsse de Sainte-Geneviève; le peuple courut en foule à cette dévotion, et M. le Prince crut devoir se prêter à cette superstition: il fut le premier à donner toutes les marques extérieures de la foi la plus fervente et de la dévotion la plus miraculeuse ; et cette conduite le fit combler de bénédictions. Je ne répéterai point ce que j'ai dit plus haut à ce sujet ; tout ce qu'on peut dire pour justifier M. le Prince, dans cette occasion, c'est que sa position exigeait qu'il ne négligeât aucun moyen pour captiver les esprits ; mais il n'a peut-être jamais mieux senti que dans ce moment, combien le rôle d'un rebelle qui a besoin de tout le monde, est au-dessous d'un génie vaste et lumineux qui se suffit à lui-même.

Mademoiselle lève des troupes en faveur du parti des princes ; le peuple demande la paix, les princes chargent le parlement de leurs intérêts ; il négocie en conséquence, mais sans succès. La duchesse de Châtillon n'est pas plus heureuse ; la reine dégarnit les frontières pour mieux accabler M. le Prince. Elle forme une seconde armée sous les ordres du maréchal de la Ferté ; celle de M. le Prince était à Saint-Cloud. Se voyant hors d'état de résister, dans cette position, aux deux armées de la cour, dont l'une devait l'attaquer, et l'autre lui couper toute retraite, il se décide à tâcher de gagner Charenton, dont la position lui parut plus tenable. Ne pouvant traverser Paris, dont les esprits n'étaient pas, en ce moment, disposés en sa faveur, il se détermine à filer le long des faubourgs; mais Turenne le suit de près, et entame son arrièregarde. M. le Prince monte sur la hauteur de Montmartre pour reconnaître les ennemis; il voit qu'il n'a pas le temps de gagner Charenton sans combattre, il prend son parti, s'arrête à Picpus, et se décide à défendre le faubourg Saint-Antoine. Il avait en tête deux armées aguerries, bien conduites et combattant sous les yeux de leur roi; sur ses derrières, il avait, pour toute retraite, une ville qui lui fermait ses portes : telle était la position de M. le Prince. Jamais guerrier ne s'est trouvé dans une situation plus critique.

Turenne, voyant son ennemi se préparer au combat, presse sa marche pour l'attaquer avant qu'il ait pu disposer ses troupes dans les endroits les plus avantageux à défendre, et pour mieux couvrir d'autres mouvements, il engage le combat avec son avant-garde. Mais le prince, à qui rien n'échappait, voyant qu'il allait être battu avant d'être en état de se défendre, se décide à le prévenir en attaquant lui-même. Il se poste en avant avec les volontaires, fait une charge vigoureuse, repousse cette avant-garde jusqu'au corps de l'armée royale, et, par cette attaque imprévue, fait perdre du temps à Turenne, et donne à ses troupes celui de s'arranger dans les postes qu'il leur avait assignés. Mais les ennemis avaient formé plusieurs attaques ; après avoir enfoncé les régiments de Languedoc, de Valois et de Langeron, ils avaient pénétré jusqu'à la halle du faubourg. M. le Prince apprenant cette nouvelle, revient à toute bride avec ses volontaires, se met à la tête des régiments de Condé et d'Enghien cavalerie, et, malgré le feu des batteries, qui enfilaient les rues du faubourg, il fond sur les ennemis, fait un carnage affreux des régiments des gardes, de marine et de Turenne, pousse jusque dans la plaine les gendarmes et les chevau-légers de la garde, prend dix-sept officiers et cinq drapeaux, rétablit ses troupes dans leurs postes, et vole à d'autres dangers.

Du côté de la barrière du Trône, les Suisses attaquaient vivement les régiments de Condé, de Bourgogne et de Pellerin infanterie. Le combat était opiniâtre, mais ne se décidait pas. La maison du roi fait une seconde charge à la droite du faubourg défendu par Tavannes ; elle est vivement repoussée. Turenne se décide à porter ses plus grands efforts sur la barricade qui défendait l'avenue de Charenton : le régiment de Navailles l'attaque avec tant d'impétuosité qu'il l'emporte. Tavannes, forcé de céder, se fait joindre par Condé infanterie, et, par les ordres de son général, attaque sur-le-champ le poste qu'il venait de perdre. M. le Prince cherche en même temps à faire passer les maisons pour tirer sur le flanc des ennemis, place avantageusement quelques pièces de canon, se met à la tête du régiment de Bourgogne et de cette noblesse redoutable qui ne le quittait jamais dans les combats; il fait alors une charge si vigoureuse, qu'il emporte la barricade. Cette attaque fut la plus meurtrière de cette sanglante journée; Nemours, la Rochefoucauld, Melun, Jersay, Guitaut, presque tous les amis de M. le Prince y furent dangereusement blessés. Pour comble de malheur, le nombre de ses ennemis qui se renforçaient à tout moment et les efforts redoublés du régiment de Picardie, ne lui permirent pas de garder ce poste important qui coûtait si cher à son cœur, à sa cause et à la nation en général.

Au moment où il se retirait, on vient lui dire que le duc de Beaufort, sorti de Paris pour venir à son secours, avait eu son cheval tué, qu'il allait être pris. Condé retourne sans hésiter, fait une seconde charge, dégage le duc, et, sous le feu des ennemis, fait faire avec des chariots une seconde barricade à cent pas de celle dont il avait été repoussé ; mais les ennemis pénétraient par d'autres côtés. Turenne, en homme de guerre, avait fait filer des troupes entre la ville et le faubourg pour envelopper M. le Prince, et Mazarin jouissait déjà dans son cœur des horribles vengeances qu'il se promettait d'exercer. Tout en effet fondait ses espérances, et son redoutable ennemi, malgré tous les efforts de son courage, allait succomber au milieu de sa gloire, si la présence d'esprit, le zèle et l'activité de mademoiselle de Montpensier ne l'eussent emporté dans Paris sur le parti de la cour.

Cette princesse, après avoir fléchi Gaston, le maréchal de Lhôpital, le corps-de-ville, le peuple, par la vivacité de sa douleur, la vérité de son éloquence, l'abondance de ses larmes et la force de ses raisons, vole à la porte Saint-Antoine, la fait ouvrir aux troupes de M. le Prince. Ce service important lui paraît encore trop peu pour l'admiration qu'il lui acquit; elle monte sur la Bastille, et se servant de cette autorité dont les ames élevées savent toujours s'emparer dans les grandes occasions, elle force le gouverneur, et par ses ordres et par son exemple, à tirer le canon sur les troupes du roi. Turenne s'arrête, Mazarin pâlit, et l'audacieuse intrépidité d'une femme sauve, en un instant, un héros et son armée.

L'entrée de M. le Prince dans Paris parut plutôt un triomphe qu'une retraite; un peuple immense, enthousiasmé de sa valeur, se précipite sur son passage, l'air retentit des applaudissements, des acclamations, et le cortège de la gloire environne ce héros dans ses malheurs comme dans ses succès. Mais que son ame était loin de pouvoir s'occuper de tant d'hommages! Dès qu'il aperçoit Mademoiselle, à qui il devait son salut, il accourt à elle tout couvert de sang et de poussière, ses cheveux épars, ses armes brisées, ses habits percés de coups. Dans ce désordre d'un héros dont la fortune a trahi les efforts plus qu'humains, et trop profondément affecté pour s'occuper, en ce moment, de sa reconnaissance, de sa cause, ni de sa situation, il s'écrie en versant un torrent de larmes: *Ah! Mademoiselle, j'ai per-*

du tous mes amis! Sensibilité précieuse, honneur de l'humanité, qu'il est consolant pour elle de vous voir l'emporter dans l'ame d'un héros sur les plus grands intérêts, et sur le souvenir des moments les plus affreux!

Dès que M. le Prince eut mis son armée en sûreté, et qu'il eut satisfait son cœur en rendant les soins les plus touchants à ses braves et malheureux amis, il s'empressa de mettre à profit la disposition favorable mais toujours passagère du peuple à son égard. Son projet était formé d'enlever le cardinal de Retz et de le chasser de la ville, de faire déposer le maréchal de Lhôpital, le prévôt des marchands, et tous les gens en place qui n'étaient pas pour lui, pour y substituer ses créatures. Un coup d'autorité de cette espèce lui paraissait le seul moyen de déterminer la cour à un traité convenable; car on ne saurait trop le répéter, à la gloire de M. le Prince, il ne cessait de penser à la paix, il la desirait vivement même au milieu de ses succès; mais il croyait son honneur engagé à se mettre en état de n'écouter que des propositions qui pussent décider la sûreté de ses amis et l'éclat de sa gloire.

Tout était prêt pour l'exécution de son projet, ses émissaires avaient travaillé le peuple avec succès, et devaient diriger ses mouvements. Un bouquet de paille, signal du parti des princes, était arboré sur tous les chapeaux; l'air retentissait de ce cri si connu: *Vivent les princes! point de Mazarin.* Mais le duc d'Orléans et M. le Prince étaient à peine sortis de l'Hôtel-de-Ville, où ils avaient été pour disposer les esprits en leur faveur, que tout-à-coup la scène change. Les têtes s'échauffent, la foule augmente, le peuple perd de vue son objet; les brigands s'emparent de cette multitude, ou, pour mieux dire, tout devient brigand. En moins de deux heures, le quartier de la Grève devient le théâtre du meurtre et du pillage, sans distinction de parti. L'on n'entend plus que des cris, des gémissements; l'Hôtel-de-Ville est en feu, les poignards levés cherchent M. le Prince; on ne voit partout qu'épouvante, désordre et confusion. Condé veut aller appaiser le tumulte; ses amis l'en empêchent, bien sûrs qu'il n'était élevé que par ses ennemis. L'intrépide princesse, à qui le parti de M. le Prince devait son salut, se charge de cette commission dangereuse; mais, à son arrivée, tout était dissipé; l'on ne voyait plus dans les rues que les traces sanglantes ou désastreuses de la fureur des monstres, instruments de tant d'horreurs. On ne peut pas douter que le cardinal de Retz, ce coupable et vil prélat, ne fût l'auteur de tant d'excès; mais il eut encore l'adresse ou plutôt l'infamie de rejeter sur M. le Prince toute l'indignation qu'ils inspirèrent dans Paris. Dans ce moment, ce ressort si puissant dont il avait tout obtenu, l'amour et l'admiration du peuple, se relâcha dans tous les cœurs, et la crainte seule décida l'assemblée du corps municipal à déposer tous ceux qui déplaisaient à M. le Prince, et à leur substituer ses créatures.

La reine, effrayée du succès de la bataille de Saint-Antoine, consent enfin à éloigner le cardinal Mazarin, et demande à traiter des autres conditions. Les princes, dont les événements passés autorisaient la méfiance, répondent qu'ils iront présenter leurs hommages au roi dès que Mazarin sera sorti du royaume. Cette réponse déplut à la reine, et rompit, pour le moment, toute négociation.

Gaston se fait déclarer, par le parlement, lieutenant-général du royaume, et se compose un conseil très étendu. La cour casse l'arrêt, et veut transférer le parlement à Pontoise; quelques-uns de ses membres obéissent. La plus grande partie reste à Paris, et la division de ce tribunal en forme deux qui se regardaient chacun comme le parlement. La reine fait déclarer que ceux qui ont des rentes ou des gages à recevoir du roi, ne seront payés qu'à l'endroit où il choisirait sa demeure. L'intérêt, ce maître du monde, rendit ce moyen plus utile aux projets de la cour, que des armées et des victoires. Les habitants de Paris en sortirent en foule, et la Fronde perdit beaucoup de ses partisans. Le nombre en fut encore diminué par le titre fastueux que le duc d'Orléans s'était fait donner, titre qui révolta les esprits et ne lui soumit personne.

On donne aux princes le conseil de s'emparer publiquement du pouvoir souverain; ils le rejettent avec horreur. Les ducs de Beaufort et de Nemours se battent pour la préséance au conseil, et le dernier en est la victime. Le comte de Rieux, de la maison de Lorraine, et le prince de Tarente, de la maison de la Tremoille, ont une semblable dispute. M. le Prince veut prendre un tempérament pour les accorder; Rieux s'en offense, et s'oublie au point de faire un geste menaçant à M. le Prince qui lui donne un soufflet. Rieux met l'épée à la main contre le prince qui n'en avait pas dans ce moment; les spectateurs l'entraînent hors de la chambre, et cette affaire pensa devenir très sérieuse. L'avocat-général Talon, consulté sur cet événement, répondit que, vu l'insulte faite au sang royal, il ne pourrait s'empêcher de conclure à la mort contre le comte de Rieux. M. le Prince arrêta la procédure, et fit bien; mais il eut encore mieux fait de faire arrêter et punir le comte de Rieux, et de ne pas lui donner un soufflet; mais il se sentait toujours gentilhomme, avant de se rappeler qu'il était prince ou général.

Le cardinal Mazarin fut enfin éloigné par la reine. Cette démarche cause une défection presque générale dans le parti des princes. Ils demandent à négocier; la reine leur répond qu'il n'est plus question que de se soumettre.

Condé n'avait plus que deux partis à choisir, celui de mettre bas les armes, ou de se jeter encore dans les bras de l'Espagne. Tout ce qu'il avait éprouvé de la cour, la crainte de livrer ses amis à la vengeance de la reine, son malheur, sa destinée, lui firent préférer ce dernier parti. Fuensaldagne, par ordre de l'archiduc, mène toutes ses troupes des Pays-Bas au secours de M. le Prince, et le duc de Lorraine entre en Champagne. La cour en fut consternée; mais Mazarin qui gouvernait le royaume, de loin comme de près, trouva le moyen d'arrêter les Espagnols en faisant tomber dans les mains de Fuensaldagne une lettre de la reine au duc de Lorraine, par laquelle elle lui mandait qu'elle allait s'accommoder avec M. le Prince, et qu'elle l'enverrait aussitôt contre les Espagnols. La terreur que son nom seul inspirait aux ennemis de l'État, servit la France contre lui-même, et Fuensaldagne se retira aussitôt.

M. le Prince et le duc de Lorraine réunissent leurs troupes à Ablons, malgré les obstacles que Turenne tâche d'y apporter; ils marchent à lui. Turenne se trouve bloqué dans son camp de Villeneuve-Saint-Georges: mais la négligence ou l'infidélité du duc de Lorraine tira l'armée royale et la reine d'embarras; du 4 au 5 octobre, Turenne trouva le moyen de décamper sans être inquiété dans sa retraite. Le peuple de Paris desirait le retour du roi dans sa capitale. L'état fâcheux des affaires de M. le Prince, la mauvaise disposition des esprits, l'excès du travail, de l'inquiétude, de l'agitation et des chagrins, avaient altéré sa santé; mais la cour ne l'en trouvait pas moins redoutable, et la reine n'osait pas rentrer à Paris qu'il n'en fût sorti.

On entame de nouvelles négociations ; mais le premier article qu'on exige est que le prince consente au retour de Mazarin. La faiblesse de son corps et celle de son parti ne purent l'y faire consentir ; il quitta Paris, et prit la route de Champagne. Les Espagnols venaient de lui donner une grande marque de considération en relâchant, à sa prière, le duc de Guise, dont ils avaient refusé la liberté aux puissances de l'Europe. Indépendamment du bonheur d'obliger, M. le Prince avait cru s'attacher un partisan illustre ; mais la reconnaissance est un sentiment qui gêne le commun des hommes, et surtout des grands, et qu'ils n'affichent guère qu'autant qu'ils se flattent d'obtenir de nouveaux bienfaits.

La situation de M. le Prince ne permettait pas d'en espérer de lui, et le duc de Guise ne s'attacha point à son libérateur. Loin de s'acquérir des partisans, ce prince en perdait tous les jours ; il ne lui restait que ses amis, ils suffisaient à son cœur, mais non pas à sa position. Cependant la fortune ne semblait pas encore lui refuser tout secours. Il s'était déjà rendu maître de Château-Porcien, de

Rhetel, de Mouzon, de la ville de Sainte-Menehould; il en assiégeait le château lorsqu'il reçut un gentilhomme de M. le duc d'Orléans, qui venait lui redemander ses troupes. Elles ne voulurent se séparer de lui qu'après la fin du siége, et ne le quittèrent qu'après lui avoir donné ces marques d'attachement et de vénération qui partent du cœur, seuls avantages, peut-être, que la naissance et la faveur n'ont encore pu s'approprier, aux dépens du mérite, qui seul doit les obtenir.

La cour était rentrée dans Paris ; la reine envoie au parlement une déclaration par laquelle elle traite M. le Prince en criminel de lèse-majesté. Cette compagnie, devenue soumise par l'éloignement de Mazarin, l'enregistre sans opposition. Pendant ce temps, Fuensaldagne remettait au prince la patente de généralissime des armées d'Espagne, faisait avec lui le traité qui paraissait le plus avantageux à ses intérêts, et lui ôtait en même temps les moyens d'avoir des succès décisifs, en portant ses troupes dans les Pays-Bas. Le duc de Lorraine se conduisait avec la moindre bonne volonté, quoique M. le Prince ne s'occupât qu'à le remettre en possession de ses états. Ligny, Bar-le-Duc, Void, Commercy, lui étaient déjà soumis. Il tenta d'enlever Mazarin à Bouillon; mais l'entreprise n'eut pas de succès. Le prince de Tarente conduisait à M. le Prince 5 à 6,000 hommes qu'il avait levés à ses dépens dans le pays de Liége, et reçut de lui le commandement en chef de ses troupes. Tavannes qui, jusqu'alors, avait joui de cette marque de confiance de la part du prince, quitta son service et se retira, mais en lui promettant de ne jamais servir contre lui, parole qu'il lui tint exactement.

Les ennemis de M. le Prince ont regardé ce trait comme une ingratitude de sa part ; on l'en eût peut-être accusé de même, s'il n'eût pas reconnu de la manière la plus marquée le service que lui rendait alors le prince de Tarente. Condé se trouvait dans la situation la plus embarrassante pour une belle ame, et peut-être Tavannes se serait-il fait plus d'honneur s'il eût forcé M. le Prince à devoir tout à l'amitié, en exigeant de lui de tout accorder à la seule reconnaissance.

Condé marche au secours de Bar-le-Duc assiégée par les troupes du roi; mais l'indiscipline de ses troupes le force à se retirer à Clermont d'où il était parti, et à laisser prendre cette place, dont la conquête entraîne celle du

Barrois et d'une partie de la Champagne. Ces malheurs obligent le prince de se retirer à Stenai : il apprit, presque en même temps, la disgrâce du cardinal de Retz, et le triomphe de Mazarin, qui venait de rentrer dans Paris aux acclamations du peuple. Français, nation sensible et légère, qu'il serait flatteur de vous plaire! de quel prix serait l'expression de vos sentiments, si votre inconstance ne les prodiguait pas quelquefois jusqu'au point de les avilir!

Les succès du cardinal ne décourageaient point M. le Prince; il écrivit de Stenai la lettre la plus pressante à D. Louis de Haro, premier ministre d'Espagne, pour solliciter ces secours toujours promis et jamais effectués. Quelques succès remportés en Guienne lui faisaient espérer que son parti pourrait se relever dans cette province ; mais il fut bientôt anéanti par la mauvaise conduite de son frère qui, trop occupé de dissensions particulières, négligeait de profiter du mécontentement du comte d'Harcourt, et de l'état d'abandon où sa retraite en Alsace laissa l'armée qu'il commandait.

M. le Prince crut alors que la situation fâcheuse de ses affaires exigeait qu'il se rendît

1653.

en personne à Bruxelles pour y solliciter le secours des Espagnols; il se détermina donc à ce voyage, quoiqu'il fût déjà fort incommodé. Au commencement de mars, il partit de Stenai; mais la gravelle et la fièvre quarte le forcèrent de s'arrêter à Namur. Ce fut là qu'on lui fit, de la part de l'archiduc, cette proposition de lui céder le pas, devenue si fameuse par la réponse pleine de noblesse et de raison que M. le Prince n'hésita point d'y faire. Quelle différence entre la conduite de ces deux princes! L'un ne s'occupe que de la basse envie de profiter des malheurs d'un illustre fugitif, pour chercher à s'arroger une préséance que 800 ans de possession assuraient au prince français, et que, non seulement la France, mais que l'Europe entière eût désavouée: l'autre, au contraire, ne se dissimulant point que les secours de l'archiduc étaient les seuls qui pussent relever son parti, aime mieux sacrifier les intérêts de sa personne que ceux de son état, dont il est comptable à son souverain, tout injuste qu'il puisse être à son égard, et à sa patrie, quelqu'ingrate qu'elle fût envers lui. L'archiduc, à la tête d'une armée, et commandant dans tout le pays, négocie la plus injuste et la plus ridicule des prétentions. M. le Prince, accablé de malheurs et de souffrances, n'ayant d'autre soutien que son existence et la considération qui lui était due, dicte sa volonté plutôt que sa réponse, donne vingt-quatre heures à l'archiduc pour se décider, en le menaçant de sortir de ses états, et tout s'arrange comme il le desire. Quel courage et quelle grandeur ! Vaincre dans les combats ce même archiduc, n'avait été que d'un héros ; mais lui résister dans cette circonstance, est du plus grand des hommes, et du prince le plus digne de l'être.

M. le Prince poursuivit sa route, et se rendit à Bruxelles, où il fut reçu avec respect et considéré avec admiration. Il avait des envoyés dans la plupart des cours de l'Europe, où ils étaient traités comme ceux des électeurs et des princes souverains qui ne sont pas rois; ses troupes étaient payées par les Espagnols, sur ses simples certificats.

L'armée française, commandée par Turenne, pénétrait en Champagne, et M. le Prince, contraint par la lenteur des préparatifs de l'Espagne, ne put entrer en Picardie qu'au mois de juillet, avec une armée de 27,000 combattants de différentes nations. Il arrive à Fousomme ; il eût pénétré, suivant son projet, jusqu'à Paris, si la jalousie, l'ignorance et la mauvaise foi n'eussent pas toujours contrarié ses desseins : il était forcé de les concerter avec Fuensaldagne, homme trop ordinaire pour sentir la supériorité des talents de M. le Prince, trop fier pour se laisser conduire, trop lent pour se convaincre de l'importance d'agir avec célérité, et trop timide pour se prêter à ces projets hardis qui semblent hâter la marche du temps, et qu'il n'appartient qu'au génie de concevoir et d'exécuter.

Il est difficile de se représenter tout ce que M. le Prince eut à souffrir dans cette campagne des hauteurs de l'archiduc, auquel il ne céda jamais, et des obstacles que Fuensaldagne ne cessait d'apporter à tous ses projets. Ce perfide allié, plus dangereux qu'un ennemi, lui fit manquer plusieurs fois l'occasion de battre l'armée française, et la prise de Rocroi fut le seul succès que la mauvaise foi des Espagnols ne put empêcher. La qualité de généralissime, dont le roi d'Espagne avait investi M. le Prince, semblerait donner à sa conduite un air de faiblesse. En effet, dira-t-on, dès qu'il commandait, il ne devait jamais céder; il devait, au contraire, punir quiconque n'obéissait pas. Mais tels sont les malheurs et l'aveuglement d'un rebelle qui se livre aux ennemis de son pays; il renonce aux devoirs d'un sujet, pour s'imposer le joug d'un esclave.

Le comte de Boutteville, si connu depuis sous le nom de maréchal de Luxembourg, vient joindre M. le Prince dans les Pays-Bas, après avoir défendu, pour lui, la place de Bellegarde en Bourgogne pendant six semaines, contre le duc d'Epernon, et lui en amène la garnison, pour laquelle il avait obtenu la capitulation la plus glorieuse. M. le Prince l'embrasse et le fait général de sa cavalerie. Par la prise de cette place, la Bourgogne était entièrement perdue pour lui, et la Guienne allait lui manquer. La faiblesse du prince de Conti, la galanterie de la duchesse de Longueville, la dissension d'entre le frère et la sœur, la multiplicité des cabales, l'or de Mazarin qui, peut-être, dirigeait sourdement toutes ces causes, eurent bientôt soumis cette province au roi, malgré les soins de madame la princesse, et l'active fidélité de Marsin, de Lenet et des autres amis ou serviteurs de M. le Prince. Marsin obtint cependant qu'il lui fût permis de mener dans les Pays-Bas le duc d'Enghien et sa mère; cette princesse, dont les démarches, si utiles à son époux, avaient toujours été dictées par la tendresse la plus apparente et la fermeté la plus soutenue, avait perdu sa santé à force de fatigues et de chagrins ; et quand elle sortit de Bordeaux, son crédit y était entièrement éclipsé par celui de la duchesse de Longueville, dont les grâces, l'esprit et les conseils furent toujours aussi funestes à son illustre frère, que la douce simplicité, le bon sens et les démarches prudentes de madame la princesse lui avaient été utiles jusqu'alors. Il fut infiniment sensible à la joie de revoir son fils, mais elle fut bientôt troublée par la nouvelle qu'il reçut du mariage du prince de Conti avec une des nièces du cardinal Mazarin ; le sang de Bourbon en gémit, la tendresse fraternelle en fut outragée, et l'Europe s'en indigna.

La duchesse de Longueville vint se fixer à Moulins, où les conseils et les exemples de la duchesse de Montmorency sa tante la détachèrent entièrement du monde. Elle devint dévote, et le fut jusqu'à la fin de sa vie (1).

---

(1) Cette princesse, dans la suite, obtint un jour de son frère d'aller entendre prêcher le père Bourdaloue : le prédicateur se fit attendre ; la duchesse s'endormit. Dès qu'il

Il ne restait plus à la cour que la personne de M. le Prince à soumettre: mais il connaissait trop Mazarin pour se livrer à ses promesses; il prit la résolution d'attendre les événements dans les Pays-Bas.

Son implacable ennemi voyant que ce prince esquivait toujours les piéges qu'il lui tendait, et qu'il cachait sous les offres les plus brillantes, se détermine, pour mettre le comble à sa haine comme à sa vengeance, à lui porter le coup le plus horrible. Je ne parle point de deux hommes qui furent arrêtés, jugés et exécutés dans les Pays-Bas, et que la voix publique accusa Mazarin d'avoir envoyés pour attenter à la vie du prince, parce qu'il ne résulta de l'instruction aucune preuve contre ce ministre; mais je veux parler de ce fameux arrêt du parlement, qui, à la suite du procès de M. le Prince, instruit dans toutes les formes, et même en présence du roi, déclara ce grand homme déchu du sang et du nom de Bourbon qu'il avait tant honoré,

---

parut, M. le Prince dit à la duchesse, en la réveillant : « Alerte, ma sœur, alerte, voilà l'ennemi ! »

(*Note de l'auteur.*)

le priva de ses biens, de ses honneurs, et de la vie, dans la forme qui plairait au roi, et déclara sa postérité déchue du droit de succéder à la couronne. (Disposition monstrueuse dont un étranger seul avait pu concevoir le projet, sans en connaître l'absurdité.) Tous les amis de M. le Prince furent également enveloppés dans sa proscription.

Mazarin ne négligeait aucun moyen de le soumettre et de l'accabler; il fit faire le siége de Stenai, qui se rendit pendant celui d'Arras, auquel M. le Prince décida les Espagnols, et dont ses talents eussent assuré le succès si les obstacles éternels qu'il éprouvait de la part de Fuensaldagne n'avaient pas fait échouer cette entreprise comme tant d'autres. Toutes les forces de la cour étaient commandées par Turenne; Hocquincourt et la Ferté étaient en mouvement pour faire lever le siége. M. le Prince, informé de leur marche, et qui sentait, en homme de guerre, le désavantage prodigieux d'attendre l'ennemi dans des lignes, avait proposé d'aller au-devant de lui, et de lui livrer bataille dans les plaines de Picardie; mais Fuensaldagne s'y était opposé. Ce dernier sentit trop tard l'importance de l'avis de M. le Prince. Les trois maréchaux avaient combiné leur marche de manière à fondre tous ensemble sur les assiégeants, la nuit du 24 au 25 août. La fortune qui semble ne s'être jamais déclaré qu'à regret contre M. le Prince, avait retardé la marche du maréchal d'Hocquincourt, au point que les deux autres maréchaux, après l'avoir attendu long-temps, se déterminèrent à commencer l'attaque sans lui, de peur de perdre l'avantage de la surprise. Le quartier de Solis et de Fuensaldagne furent emportés sur-le-champ. Hocquincourt arrivant enfin, chasse les Lorrains du leur. Condé, loin de songer encore à la retraite, répare le désordre, repousse vigoureusement les Français, et la victoire était à lui, si les Espagnols s'étaient ralliés et l'avaient secouru; mais leur fuite honteuse le force à se retirer. Il opéra tranquillement sa retraite à travers une vaste plaine, et sut en imposer à ses ennemis par sa contenance et ses manœuvres. Il arriva le soir à Cambrai, entouré des prisonniers qu'il avait faits, et des drapeaux dont il s'était emparé. Que de vainqueurs ont été bien moins grands dans leurs succès, que ce prince dans ses défaites!

Turenne, après avoir pris le Quesnoy, porte le ravage dans le Hainaut. Condé rassemble des troupes, vole au secours de cette province, et le force à se retirer en Picardie. Le maréchal de la Ferté s'empare de Clermont en Argonne.

La reine Christine, princesse plus fameuse par sa singularité que par ses vertus, après avoir abdiqué le trône de Suède, arrive à Bruxelles; malgré l'admiration qu'elle affectait pour le prince, à l'instigation de l'ambassadeur d'Espagne, elle fit difficulté de lui rendre les mêmes honneurs qu'elle ne refusait pas à l'archiduc. M. le Prince déclara qu'il ne la verrait point : cependant, cédant à la curiosité, il se mêla dans la foule pour voir cette femme extraordinaire; elle le reconnut, et courut à lui. M. le Prince s'enfuit et lui crie : « Tout ou rien, Madame, tout ou rien. » Il la vit cependant par la suite, mais après s'être bien assuré qu'il en recevrait les honneurs et les égards qu'elle lui devait.

1655. Turenne attaque Landrecies. Condé proposa des moyens certains de sauver cette place; mais Fuensaldagne le contraignit à n'en prendre que d'insuffisants : il ne lui permit que d'effrayer, par des détachements, la cour établie à la Fère, et qui s'en retira précipitamment; tandis que ce prince, en y marchant avec toute l'armée, comme il le voulait, aurait sauvé Landrecies, porte la terreur jusque dans la capitale, et rétabli les affaires de son parti. Ce projet manqué, l'armée espagnole fut réduite à la nécessité de se retirer derrière la Sambre et l'Escaut, et celle du roi se porta sur Bouchain. L'archiduc se charge de défendre les bords de la rivière de Haisne, et les abandonne à l'approche de l'armée royale. Il eût été défait complètement, si M. le Prince ne fût arrivé à son secours et ne se fût chargé de couvrir sa retraite. Il résista seul avec trente maîtres, aux efforts de plusieurs escadrons commandés par Castelnau; et l'arrière-garde était en sûreté, quand Turenne arrive avec toute son armée pour l'accabler. Ce général se permit de mander à la cour que M. le Prince avait fui honteusement devant lui; la lettre tombe dans les mains de ce dernier, qui en fut choqué très vivement, et s'en plaignit à Turenne lui-même avec autant de fierté que d'amertume. Il eût été plus grand sans doute de mépriser cette imputation. Eh! quel était le soldat ou le Français capable de soupçonner ce prince d'une action honteuse, et d'avoir pu manquer de courage? L'archiduc revient à Bruxelles, et laisse à M. le Prince, pour défendre le pays, 6,000 chevaux avec lesquels il remporte plusieurs avantages.

Pendant que ce grand prince avait à combattre à-la-fois la valeur des troupes françaises et les talents de Turenne, la mauvaise foi de Fuensaldagne et l'impéritie de l'archiduc, l'intrigue, le zèle, l'industrie et l'amour ne négligeaient rien pour le servir dans Paris. La duchesse de Châtillon lui cherchait partout des partisans. Le maréchal d'Hocquincourt balançait dans son devoir, et l'or seul de Mazarin l'y retint. Le ministre fit arrêter la duchesse, et ne lui rendit sa liberté qu'après s'être assuré de la fidélité du maréchal.

Les Lorrains veulent quitter l'armée espagnole ; Fuensaldagne veut les faire passer au fil de l'épée : M. le Prince s'oppose fortement à cette barbarie, et vient à bout de l'empêcher.

1656. L'archiduc et Fuensaldagne sont enfin rappelés par Philippe IV; Don Juan d'Autriche et le marquis de Caracène prennent leur place. On assure que le roi d'Espagne proposa le commandement général des troupes et des Pays-Bas à M. le Prince; mais il aima mieux avoir encore à souffrir toutes les contrariétés qu'il prévoyait, que de prêter serment de fidélité à un autre souverain que le roi de France.

Quel mélange étonnant, dira-t-on, d'attachement à ses devoirs et de persévérance à s'en écarter ? J'en conviens, mais ces hommes que leurs talents, leur fortune et leur naissance nous montrent aux faîtes des grandeurs, sont plus souvent que les autres le jouet des circonstances ; et si le cœur de M. le Prince n'a pas toujours réglé sa conduite, au moins ses démarches n'ont-elles jamais corrompu son cœur.

Le changement des généraux espagnols paraissait devoir être favorable aux affaires de Condé ; mais la conduite de Don Juan et de Caracène détruisit bientôt ses espérances : la mauvaise foi continua de régner dans les conseils, l'ineptie dans les projets, la lenteur dans les moments décisifs ; et si M. le Prince obtint quelques succès, ce ne fut qu'en les arrachant, pour ainsi dire, à ses alliés comme à ses ennemis.

Turenne, après avoir manqué Tournai, dont M. le Prince, avec 4,000 hommes, sut, par une manœuvre savante, lui ravir la conquête, se porte sur Valenciennes, et dans la nuit du 14 au 15 juin, cette ville se trouva investie sur la rive droite de l'Escaut par l'armée de Turenne, et sur la rive gauche, par celle du maréchal de la Ferté, qui communiquait par des ponts avec son collègue. Condé fait ouvrir les écluses de Bouchain, et inonde le camp des Français : à force de travail, l'ennemi parvient à détourner les eaux et à les rejeter sur la ville. Don Juan, qui n'avait pas encore rassemblé ses troupes jusqu'alors, joint M. le Prince : ils s'approchent des assiégeants et inquiètent également les deux maréchaux, en les laissant dans l'incertitude sur le point où leur attaque allait se diriger ; mais comme les grands hommes se devinent, Turenne pénétra le projet de M. le Prince, et fit proposer à son collègue la moitié de son armée ; celui-ci, se croyant assez fort pour résister, le refusa. La nuit du 9 au 10 juillet, Don Juan et M. le Prince, en faisant faire une fausse attaque par Marsin, du côté de Turenne, fondent sur les lignes du maréchal de la Ferté, les enfoncent, et malgré les efforts de sa cavalerie qu'il mène au secours de son infanterie, malgré les prompts secours que Turenne lui fit passer en moins d'une heure, M. le Prince fut vainqueur, Valenciennes fut secourue, et de toute l'armée du maréchal, il ne se sauva que 2,000 hommes ; tout le reste fut tué, noyé ou pris : du nombre de ces derniers furent le maréchal de la Ferté lui-même, tous les officiers-généraux et plus de 400 officiers. Turenne, averti du malheur de son collègue, lève son camp et se retire un peu en désordre sous le Quesnoy, où il ose attendre les vainqueurs. M. le Prince eût bien voulu l'attaquer dans sa retraite, et Turenne était perdu; mais Don Juan s'y opposa : un avantage brillant suffit aux généraux ordinaires, il ne convient qu'aux ames fortes de compléter les succès. Cette faute de Don Juan donne le temps à l'armée de Turenne de se rassurer, et celle qu'il fit après de ne pas l'attaquer dans son camp, acheva de sauver cette armée, qui dut autant son salut à la timidité de Don Juan, qu'à l'audacieuse habileté de son général.

Les Espagnols se décident à faire le siége de la ville de Condé; cette entreprise leur réussit : Turenne passe l'Escaut, et se porte en Artois.

Don Juan et M. le Prince le suivent; mais la lenteur et l'irrésolution du premier font encore échapper la plus belle occasion de battre l'armée française à la Bussière, et M. le Prince, en en démontrant le succès, ne put obtenir d'engager le combat. Don Juan préféra d'aller former le siége de Saint-Guillain;

Condé couvrit sa marche par une de ces manœuvres supérieures, à laquelle Turenne lui-même ne put refuser son admiration. Ce général en fit une aussi digne de lui, pour venir assiéger la Capelle. Don Juan lève le siège de Saint-Guillain pour se porter au secours de cette dernière place, et la laisse prendre, pour n'avoir pas suivi les conseils de M. le Prince, qui le pressait d'attaquer le camp des assiégeants, seul moyen de la sauver. Quatorze mille paysans attroupés dans les Pays-Bas sont défaits par 4,000 chevaux de l'armée de M. le Prince, commandés par le comte de Boutteville, et cet avantage procure à l'armée du prince des subsistances qui commençaient à lui manquer.

Le duc d'Orléans abandonne M. le Prince et fait son accommodement avec la cour. Charles II, détrôné par Cromwel, cherche une retraite dans les Pays-Bas; et Condé, qui ne mesurait ni son estime ni son rang sur les caprices de la fortune, force les Espagnols, par son exemple, à lui rendre les plus grands respects. Condé parvient à décider Don Juan à faire, au mois de mars, une seconde entreprise sur Saint-Guillain : elle fut couronnée par le succès; mais les Espagnols se retirèrent aussitôt dans leurs quartiers jusqu'au mois de juin, et renforcèrent toutes les garnisons de leurs places maritimes, aux dépens de celles de l'intérieur du pays. Cette faute n'échappa point à Turenne; il forma de suite le projet d'investir Cambrai qu'il savait dégarnie, et l'exécuta sur-le-champ. Cette ville eût infailliblement été perdue, sans l'infatigable activité de M. le Prince. Il apprend à Mons, en faisant la revue de sa cavalerie, que les Français sont devant Cambrai; il part avec 3,000 chevaux, marche toute la nuit : il est égaré par ses guides; cependant il arrive sur les lignes de Turenne instruit de sa marche, les attaque, se trouve engagé dans un combat corps à corps avec un capitaine du régiment de Clérambault, s'en débarrasse; et pendant que le bruit attirait toute l'attention de l'ennemi de ce côté, Condé se fait jour par un autre, et entre victorieux dans la place, que Turenne, de ce moment, ne songea plus à réduire. La ville de Cambrai fit frapper, à cette occasion, une médaille en l'honneur de la Vierge et de Condé, monument singulier de superstition et de reconnaissance.

Le maréchal de la Ferté assiége Montmédy; M. le Prince forme le projet de s'emparer de

Calais. Deux heures de retard font échouer l'entreprise dont le soin était confié au prince de Ligne, qui était parti de Gravelines à cet effet, et dont les premiers succès furent arrêtés par le retour de la marée, qui l'obligea de se retirer. M. le Prince, dont les vues profondes et l'audace éclairée étaient indépendantes des succès et des revers, propose de passer la Somme et de pénétrer jusqu'à Paris. Le projet étonne Don Juan; il délibère au lieu de marcher, et Turenne a déjà paré le coup, en profitant du moment d'incertitude pour couvrir les principales places du royaume. Montmédy se rend au maréchal de la Ferté; Turenne se porte, par une marche forcée, sur Saint-Venant: son artillerie était restée derrière. Condé presse Don Juan d'attaquer l'armée française dans ce moment; il s'y refuse. Un convoi important, faiblement escorté, passe à portée des Espagnols; Don Juan dormait, personne ne l'éveille, et le convoi passe. Cependant, Boutteville, par les conseils de M. le Prince, trouva le moyen de réparer, en quelque sorte, cet effet incroyable de l'engourdissement ou de la mauvaise foi espagnole; il se mit à la suite d'un autre convoi, et parvint à s'en emparer. Le duc d'York ne put s'empêcher de témoigner à M. le Prince son étonnement de cette négligence inouïe : « Ah ! vous ne connaissez pas les Espagnols, lui répondit Condé ; pour voir des fautes à la guerre, c'est avec eux qu'il faut la faire. » Les Français assiègent et prennent Saint-Venant. Les Espagnols se portent sur Ardres, en ouvrent le siége dans les formes, tandis qu'ils auraient pu l'emporter d'emblée : ils le lèvent ensuite à l'approche de Turenne, et se retirent sous Dunkerque. L'armée royale attaque et prend Mardick. M. le Prince tombe malade : la France s'en alarme, l'Espagne s'inquiète, l'Europe s'en occupe ; mais bientôt le rétablissement de ce prince le rendit à sa gloire et à ses malheurs. 1658.

Pendant sa maladie, la reine lui envoya le médecin Guénaut ; Mazarin lui-même se crut obligé de jouer la douleur, car la perversité des hommes n'est pas encore parvenue au point de dispenser l'envie de rendre hommage à la vraie grandeur. La convalescence de M. le Prince fut également célébrée par les Français et par leurs ennemis, contraste frappant et peut-être unique dans l'histoire, qui, sans excuser les erreurs de ce grand homme, répand sur elles presqu'autant d'éclat que sur ses vertus.

Mazarin fait des propositions à M. le Prince pour faire sa paix particulière. La négociation, sur le point d'être terminée, eut le sort de tant d'autres, et fut rompue. La ville d'Hesdin se rangea du parti de M. le Prince ; la Picardie et la Normandie, par les soins du maréchal d'Hocquinçourt, sont prêtes à suivre le même exemple. Le maréchal d'Aumont est défait et pris en voulant surprendre Ostende. Cromwel force la cour de France à faire le siége de Dunkerque. Turenne, après avoir trompé Don Juan par des démonstrations sur Hesdin, arrive devant Dunkerque, et l'investit par terre, dans le même temps que la flotte anglaise en bloquait le port. Le roi se rend à l'armée de Turenne : Don Juan, qui ne s'attendait pas à l'entreprise des Français sur Dunkerque, avait répandu ses troupes dans la Flandre et dans l'Artois ; il se met promptement en marche à cette nouvelle, et arrive à Furnes le 12 mai, mais sans bagages et sans artillerie. Les inconvénients de la lenteur à la guerre sont presque toujours remplacés par ceux de la précipitation ; une activité sage et raisonnée, qui prescrit également l'inquiétude et la sécurité, est le seul moyen d'être toujours à portée de se préparer des succès, ou de s'épargner des revers.

Don Juan et M. le Prince s'avancent avec quelques escadrons pour reconnaître les assiégeants ; le maréchal d'Hocquincourt qui avait joint l'armée des Espagnols, se fait tuer à cette reconnaissance, par un excès d'ardeur plus digne d'un mousquetaire que d'un maréchal de France. Il compromettait toute l'armée, si le duc d'Yorck et Boutteville qui ramenait un détachement après avoir rempli sa mission, et que le maréchal avait forcé de marcher encore en avant, n'avaient pas arrêté l'ennemi par leur contenance, ce qui donna le temps aux deux généraux de se retirer. Don Juan convoque un grand conseil ; il y propose de s'engager dans les dunes, et de s'approcher de l'armée française ; Condé s'y oppose, et fait sentir tous les inconvénients de ce projet. Don Juan persiste et fait marcher l'armée. M. le Prince renouvelle le lendemain ses représentations, et s'efforce de convaincre le général espagnol qu'après la faute de prendre une mauvaise position, la plus grande qu'on puisse faire est de la garder : l'opiniâtreté de Don Juan fut à toute épreuve.

Turenne ne tarda pas à réaliser les craintes

de M. le Prince. Il sort de son camp le 14 juin, à la pointe du jour, pour aller combattre cette armée que son chef menait à une défaite certaine. Ce fut alors que M. le Prince demanda au jeune duc de Glocester s'il n'avait jamais vu de bataille. Non, lui répondit le duc. Hé bien, poursuivit Condé, vous en allez voir perdre une sous une demi-heure. La justesse de son coup-d'œil ne ralentit pas un instant l'ardeur de son courage. L'armée française, secondée par la flotte anglaise, fut repoussée trois fois par les Espagnols, qui cédèrent enfin, ne pouvant résister au feu d'une batterie qui les prenait en flanc: la cavalerie espagnole ne montra pas autant de fermeté, elle se retira sans attendre l'ennemi : le combat ne subsistait plus qu'à la gauche, où Condé se conduisait à son ordinaire. Voyant la bataille infailliblement perdue, il avait formé le projet de passer à l'aile droite des Français, et d'entrer dans Dunkerque avec les troupes qu'il avait à ses ordres. Après avoir fait des prodiges de valeur, il était parvenu à s'ouvrir le chemin qu'il desirait; mais un bataillon du régiment des gardes-françaises, avantageusement posté, ayant donné le temps à M. de Créqui de rallier son aile, força M. le Prince à se retirer ; son cheval blessé, qui tomba sous lui, pensa le faire prendre : Boutteville et Coligny le pressèrent de prendre les leurs, mais il ne voulut jamais sacrifier d'aussi braves amis pour sauver sa personne; il prit celui d'un de ses gentilshommes, et, par cette présence d'esprit qui ne le quittait jamais, il sut trouver le moyen d'échapper aux escadrons ennemis, et rejoignit Don Juan dans la retraite. Turenne ne s'abandonna pas à la poursuite des vaincus, et ne les suivit que jusqu'au canal de Furnes. De toutes les occasions où M. le Prince a signalé son courage et son génie, il n'en est peut-être point de plus propre à le faire connaître que ce projet formé au milieu du plus grand feu et d'une déroute presque générale; de se faire jour à travers une armée victorieuse, et de laisser derrière elle la ville dont elle couvrait le siége. Un homme heureux peut gagner des batailles; un héros sait vaincre ou mourir; mais il paraît presque au-dessus de l'humanité de concevoir un projet aussi nouveau dans de pareilles circonstances, et d'en entreprendre l'exécution avec autant d'audace.

La défaite de l'armée espagnole força Dunkerque à se rendre. Bergues, Furnes et Dendermonde suivent son exemple. Don Juan, trop faible désormais pour tenir la campagne, disperse son armée dans les places de la Flandre, et M. le Prince se retire dans Ostende, place entièrement dépourvue de vivres et de munitions de guerre.

Louis XIV tombe malade à Mardick; on le transporte à Calais, où sa santé se rétablit.

Le maréchal de la Ferté prend Gravelines, après trente jours de tranchée ouverte; Turenne s'empare d'Oudenarde; Condé se jette dans Tournai; le prince de Ligne est battu, pour n'avoir pas suivi le conseil qu'il lui avait donné de se couvrir de la Lys : ce nouvel échec des Espagnols entraîne la perte de Menin et d'Ypres. Turenne va camper aux portes de Tournai; il se passe plusieurs escarmouches entre les deux armées, sans avantages décidés. Les armes de Philippe IV n'avaient pas plus de succès en Italie et sur la frontière de Portugal, qu'elles n'en avaient dans les Pays-Bas; il se résout enfin à proposer la paix.

1659. Les conférences fameuses de Don Louis de Haro et de Mazarin, dans l'île des Faisans, s'établissent. Pendant qu'elles se tenaient, les Polonais envoient offrir leur trône à M. le Prince; mais il répondit qu'il ne l'accepterait jamais que du consentement du roi son souverain. Quelle réputation que celle qui détermine un peuple, d'un bout de l'Europe à l'autre, à remettre son sceptre entre les mains d'un prince exilé de sa patrie, mal dans ses affaires, et malheureux dans sa rébellion!

Dans les grands intérêts que les deux ministres avaient à régler, celui de M. le Prince ne fixait pas moins les yeux de l'Europe que ceux des souverains. Don Louis eut le bon esprit de sentir que la gloire de son maître était attachée à soutenir ce grand homme; et malgré l'adresse et la résistance de Mazarin, malgré M. le Prince lui-même, qui ne cessait de lui faire dire d'abandonner plutôt ses intérêts que ceux de ses amis, s'il ne pouvait pas tout concilier, il vint à bout d'obtenir, en rendant Avesnes à la France, et Juliers à l'électeur palatin, que M. le Prince serait rétabli dans ses honneurs, biens, charges, titres et gouvernements. On lui permettait de recevoir un million d'écus de l'Espagne, sans compter les subsides qu'elle s'était engagée à lui fournir, et qui montaient à plus de cinq millions, articles stipulés par le traité des Pyrénées, sur la parole de deux grands rois, à la face des nations, et qui sont encore à remplir. Tous ceux qui avaient suivi la fortune de Condé furent aussi rétablis dans leurs biens, et l'Espagne les indemnisa. Ce traité fût signé le 17 novembre.

1660.

M. le Prince en apprit la conclusion avec la plus grande joie, et partit de Bruxelles regretté des Pays-Bas, après avoir reçu des députations de toutes les villes, pour le remercier des services qu'il leur avait rendus. On lui offrit des présents, il les refusa, et donna des billets à ses créanciers qu'il acquitta l'année d'après. Le marquis de Caracène le conduisit jusqu'aux frontières de Champagne. Ce prince reçut partout, sur son passage, les plus grandes marques de respect et de considération. En arrivant à Coulommiers, il y trouva le duc et la duchesse de Longueville. M. le Prince, oubliant les maux que les funestes conseils de cette dernière lui avaient causés, ne vit en elle qu'une sœur chérie, la reçut avec les plus grandes marques de tendresse, et parut voir avec plaisir madame la princesse qui y arriva deux jours après. L'illusion de la gloire et des grandeurs n'étouffe point dans les belles ames cette douce sensibilité qui rend si réellement heureux, quand elle est excitée par un sentiment honnête. Condé continua sa route vers la Provence où le roi était alors; mais, malgré son empressement de lui faire sa cour, il ne put s'empêcher de se détourner quelques momens pour aller voir la duchesse de Châtillon. Après avoir embrassé le prince de Conti, qui se trouvait à Valence avec le maréchal de Grammont, il arriva à deux lieues d'Aix, où le cardinal Mazarin vint au-devant de lui. M. le Prince ne se refusa point de l'embrasser; ils montèrent dans le même carrosse, et arrivèrent à Aix où le roi l'attendait seul dans sa chambre avec la reine sa mère. Il se jeta aux genoux du monarque qui le releva aussitôt, dès qu'il eut dit au roi tout ce que son respect et son attachement lui inspirèrent. Louis XIV, en lui rappelant les grands services qu'il avait rendus autrefois à l'état, l'assura que tout était oublié. De ce moment, le monarque lui parla de la manière la plus affectueuse, et avec la même familiarité que s'il ne fût pas sorti de la cour.

Telle fut la fin glorieuse des malheurs et de la rébellion de M. le Prince. Il serait à desirer, sans doute, que l'histoire nous montrât toujours les grandes fautes punies; cependant, il faut l'avouer, un grand-homme dont le cœur est pur, mais qui se laisse entraîner dans l'erreur, s'en sépare, en quelque sorte, de la manière dont il la soutient. Des talents ordinaires ne désarment point la sévérité du lecteur, mais l'admiration le force à l'indulgence; il gémit de la faute, mais il s'intéresse au coupable; il désapprouve le rebelle, mais il s'attache au héros, et bientôt il finit par se dire, avec une sorte de satisfaction: Le malheur des temps a causé son erreur, mais la force de son ame l'en a fait sortir avec gloire.

Condé reçut à son retour les honneurs dus à sa naissance, et les hommages que la cour et la ville s'empressèrent de rendre à sa célébrité. L'ivresse que causa le plaisir de le revoir fut à tel point, que la cour, toujours prompte à s'alarmer, en prit quelque ombrage; mais M. le Prince, à qui l'âge et l'expérience avaient appris qu'il n'est pas toujours sûr de se livrer à toute sa gloire, sous les yeux de son souverain, se conduisit de manière à dissiper les soupçons. Il partit pour la Bourgogne où il fut reçu avec acclamation. On voulut, de nouveau, le brouiller avec le cardinal, mais il sentit le piége, et sut s'en préserver: après avoir été au-devant du roi qui revenait des pays méridionaux, et qui le reçut avec la même bonté que la première fois, il suivit le monarque à Paris.

Mazarin, réconcilié, n'en était que plus

dangereux ; le traité des Pyrénées, en changeant la face des affaires, n'avait point changé son cœur. Ne pouvant ôter à M. le Prince sa place au conseil, son premier soin fut d'éloigner de lui ces braves troupes que son malheur et ses talents lui avaient fortement attachées ; il les envoya servir la république de Venise.

Un ministre soupçonneux peut paraître prudent, mais la vengeance après la réconciliation ne peut avoir d'excuse. Mazarin eut la bassesse d'engager sourdement le duc de Lorraine à revendiquer, sur M. le Prince, le Clermontois, la plus belle de ses possessions et le prix de ses services ; mais l'éloquence de l'avocat-général Talon fit triompher la cause de M. le Prince, et confondit l'intrigue et les espérances du cardinal.

1661.
1662.
1663.

Ce ministre survécut peu à ce dernier trait de son affreux caractère. Sa mort paraissait rouvrir à M. le Prince le chemin de la faveur; ses amis cherchèrent à l'engager dans ce dédale d'intrigues où les courtisans se précipitent en foule à la mort d'un homme puissant. Condé dédaigna tous ces petits moyens ; il savait s'emparer du pouvoir, mais il n'entendait rien à briguer la faveur. Il fut le premier à qui le roi confia le parti qu'il prenait de gouverner par lui-même; M. le Prince, loin de l'en détourner, ne négligea rien pour confirmer le monarque dans une résolution aussi heureuse pour ses peuples.

Depuis cette époque, jusqu'en 1667, M. le Prince sut se dérober au tourbillon des affaires, pour se livrer tout entier à l'éducation de son fils, et il s'en occupa en père tendre et éclairé; la vraie grandeur ne néglige aucun de ses devoirs. Il reçut dans ce temps-là 400,000 écus de la cour d'Espagne qu'il fit distribuer sur-le-champ à ses amis, quoiqu'il en eût le plus grand besoin pour lui-même. En 1665, il maria le duc d'Enghien avec la princesse palatine, Anne de Bavière, et se retira à Chantilly, où il menait une vie tranquille, entouré de ses amis et de la plupart des grands hommes du siècle de Louis XIV.

1664.
1665.

1666.

Deux ans après, il parut un libelle affreux contre M. le Prince et contre sa sœur. Un de ses gentilshommes se préparait à venger cette insulte de la manière la plus cruelle : Condé l'en empêcha; il ne punissait jamais que de son mépris tous ces petits ennemis qu'enfante la célébrité : mais, quelle punition que le mépris d'un grand homme! Le roi se trouva personnellement offensé de l'insulte faite à son sang, et crut devoir la punir plus rigoureusement; en conséquence, Bussy-Rabutin fut mis en prison et n'en sortit que pour languir dans l'exil.

Le roi forma, dans ce temps, le projet de s'emparer des Pays-Bas: les talents de Turenne et de M. le Prince ont peut-être plus contribué qu'on ne pense à donner à Louis XIV cet amour de la guerre, qu'on lui a tant, et peut-être si justement reproché. C'est l'apparence du succès qui détermine à l'entreprise. Si ce monarque n'avait eu que des hommes d'un talent médiocre à placer à la tête de ses armées, peut-être eût-il été plus pacifique; mais il n'en peut résulter aucun reproche contre des héros destinés à la défense des états, et toujours subordonnés à la volonté de leurs souverains.

Louis XIV choisit Turenne pour le charger de faire, sous ses ordres, la conquête des Pays-Bas. M. le prince, retiré à Chantilly, envoie à l'armée le duc d'Enghien, son fils, qui s'y montre, dans toutes les occasions, digne du nom qu'il avait à soutenir. Ce jeune prince tombe malade au siége de Lille; on le transporte à Douai: le père vole aussitôt auprès de son fils, lui rend les soins les plus touchants,

1667.

et retourne à Chantilly, dès que ses inquiétudes sont calmées.

Les succès du roi, dans la Flandre, éveillent de tous côtés les ennemis du nom Français, et partout on se prépare à s'opposer à ses progrès ; mais, du fond de sa retraite, le héros de la France veillait à ses intérêts. Il envoie au marquis de Louvois, le plus grand des ministres peut-être, s'il eût été le plus honnête, le projet de soumettre la Franche-Comté. Louvois le saisit avidement, et le fait adopter au roi, qui chargea M. le Prince de son exécution ; et elle ne pouvait être en de meilleures mains.

Condé se rend en Bourgogne, sous prétexte d'y tenir les états. Pendant cette assemblée, qu'il prolonge à dessein, il fait tous ses préparatifs dans le plus grand secret, et, par des négociations ouvertes à propos, il vient à bout d'endormir la vigilance des Comtois, de détourner l'attention de la Suisse, et de faire arriver les troupes dont il avait besoin, sans qu'on eût encore pénétré son projet. Le secret perce enfin, et c'est Paris qui éveille la Franche-Comté sur le danger qui la menace. Elle

1668. convoque ses milices pour le 8 février ; tardive et inutile précaution : ces faibles défenseurs ne furent bientôt que des sujets soumis au souverain qu'ils devaient combattre.

M. le Prince entra le 4 du même mois en Franche-Comté; le 7, il était dans Besançon, et Luxembourg dans Salins. La ville de Dôle fit plus de résistance; la saison ne permettait pas d'en faire le siége, et favorisait en cela le penchant de M. le Prince à s'emparer de vive-force de tout ce qui osait lui résister : ce fut devant cette place que le roi le joignit. Après avoir pris ses ordres, Condé fait ses dispositions, et emporte, l'épée à la main, tout le dehors de la place. A ces différentes attaques, M. le Prince menait son fils par la main; et, au milieu du feu le plus terrible, lui expliquait tout ce qu'il avait ordonné. A la gloire de l'humanité, la sensibilité se fait jour quelquefois à travers ces moments d'horreur et de carnage : tous ceux qui entouraient M. le Prince versaient des larmes d'admiration et d'attendrissement, en voyant ce grand homme surmonter les faiblesses de la nature et lui rendre hommage en même temps; joindre le courage le plus mâle au sentiment le plus tendre, et se montrer-à-la-fois le modèle des héros et des pères.

La valeur des Français, l'activité de leur chef, le bonheur du monarque, et la crainte des horreurs d'un assaut, déterminèrent bientôt les habitants de Dôle à capituler. M. le Prince se porta sur-le-champ devant Gray, et envoya investir le château de Joux, où le marquis d'Yenne, commandant de la Franche-Comté, s'était retiré. La lâcheté du général, la trahison de l'abbé de Watteville, et l'or de Louis XIV, eurent bientôt soumis à la France ces deux places et le reste du pays. Il n'y eut que quatorze jours d'intervalle entre l'invasion et la conquête. Le roi donna sur-le-champ à Condé le gouvernement d'une province qu'il devait à la justesse de ses vues et à la force de ses moyens; mais la paix se fit presqu'aussitôt, et la Franche-Comté fut rendue aux Espagnols. Dans cette même année, le 11 octobre, naquit Louis, duc de Bourbon, fils du duc d'Enghien, et petit-fils du Grand-Condé.

L'abdication de Casimir, roi de Pologne, fit desirer à Louis XIV de compter un roi de plus dans sa famille. M. le Prince le supplia de faire tomber la couronne sur la tête du duc d'Enghien, plutôt que sur la sienne. La nation polonaise demandait M. le Prince lui-même, et le roi paraissait desirer cette élection; mais bientôt l'ambition du monarque changea d'objet; les puissances étrangères lui firent entrevoir qu'elles ne s'opposeraient point à la conquête de la Hollande, s'il cessait de porter M. le Prince au trône de Pologne: ce qui détermina ce monarque à ordonner au prince de n'y plus songer. En conséquence, il écrivit sur-le-champ au parti qu'il avait dans le pays, qu'il renonçait à ses prétentions sur ce trône. Le plus fier des princes était devenu le plus soumis des sujets; mais ses amis de Pologne persévérèrent dans leur vœu, et ils étaient sur le point de réussir, si la calomnie, monstre qui se nourrit dans les cours, et déshonore l'humanité, n'avait pas employé, avec son succès ordinaire, les libelles, l'intrigue et la corruption, fléaux du vrai mérite, que souvent la postérité seule se charge de venger. Les Polonais ne tardèrent pas à se repentir du choix indigne qu'on leur avait fait faire. Ils firent encore de nouvelles offres à M. le Prince: qui leur fit proposer à sa place le duc de Longueville son neveu.

Les contrariétés de l'ambition n'étaient plus alors le seul tourment de la vie de M. le Prince: l'épuisement de sa fortune, le peu de ressources qu'il y voyait, l'affluence de ses créanciers, le désordre de ses affaires, le rendaient le plus malheureux des hommes; tant il est vrai que la grandeur, même celle de l'ame, ne suffit pas pour le bonheur. Gourville, ce serviteur fidèle, avait quitté M. le Prince quand il partit pour Bruxelles, et après avoir éprouvé tous les caprices de la fortune, il avait été forcé de s'éloigner de sa patrie: la cour s'opposait à son retour. Condé, qui n'oubliait jamais ceux qui l'avaient bien servi, s'employa vivement pour l'obtenir; il lui fut accordé. La naissance, les honneurs, la réputation, les talents, la célébrité, les hommages de l'univers, n'avaient point dérobé M. le Prince au malheur; un trait de bienfaisance lui rendit la félicité. Gourville, pénétré de reconnaissance, se dévoua entièrement à son service, courut en Espagne arracher à cette cour une partie de ce qu'elle devait si légitimement à son maître, et à force de soins, d'intelligence et d'activité, parvint enfin à remettre l'ordre dans ses affaires, et à le délivrer de ce bataillon de créanciers, plus redoutables pour ce grand prince que toutes les forces de l'Europe.

1670.

1671. Ce fut dans ce temps qu'il fut question du mariage de mademoiselle de Montpensier avec M. de Lauzun. Malgré les représentations de toute la cour, le roi n'était pas éloigné d'y donner son consentement; mais M. le Prince parla si vivement pour l'honneur de la maison royale, qu'il persuada Louis XIV, et ce monarque défendit à Mademoiselle de penser à ce mariage : cependant il se contracta, dit-on, secrètement ; et cette princesse, qui s'était élevée au-dessus de son sexe, en décidant la victoire en faveur d'un grand homme, rentra, par cette union, dans la classe des femmes ordinaires, et ne pardonna jamais à M. le Prince d'avoir combattu sa passion. Mais le connaissait-elle assez peu pour imaginer que la reconnaissance même serait capable de lui faire manquer à ce qu'il regardait comme son devoir ?

M. le Prince, qui ne put jamais prendre sur lui d'aimer sa femme, crut trouver dans ce temps une occasion favorable de se séparer d'elle, projet qu'il nourrissait depuis longtemps. Il obtint la permission du roi de fixer le séjour de cette princesse à Châteauroux, où elle mourut en 1694. Il est impossible, en lisant l'histoire du Grand-Condé, de ne pas s'affliger du peu de considération qu'il eut toute sa vie pour elle, malgré tout ce qu'elle avait fait pour lui ; mais les grands hommes seraient supérieurs à l'humanité, s'ils étaient exempts de toutes ces faiblesses. Il est des aversions insurmontables dont on ne peut pas se rendre compte, et les héros, sans doute, n'en sont pas plus à l'abri que le vulgaire.

M. le Prince reçut cette année le roi à Chantilly. Toute la magnificence d'un grand prince y fut déployée, ainsi que toute la recherche d'un homme de goût. Il sut joindre au respect cette gaîté franche, cette aménité simple et noble qui peint sur le visage le contentement du cœur, et sans lequel les plus belles fêtes sont aussi tristes qu'embarrassantes pour celui qui les donne et pour celui qui les reçoit. La joie publique fut troublée par l'accident si connu du contrôleur de la bouche, Vatel, qui se tua parce que la marée n'arrivait pas à temps.

Louis XIV, indigné contre la Hollande qui l'avait outragé, brûlait du desir d'en tirer une vengeance éclatante : il consulta M. le Prince sur les moyens de lui enlever son commerce. Son caractère est peint dans sa réponse: « Je n'en connais qu'un, Sire, c'est de la soumettre. » Il n'en fallut pas davantage pour décider un roi ambitieux à tenter cette conquête. La guerre fut déclarée au mois d'avril, et le roi se mit en marche à la tête de 110,000 hommes, emmenant M. le Prince, le duc d'Enghien et Turenne avec lui. Quelque luxe que Louis XIV eût répandu sur cette armée, elle était moins parée de la magnificence d'un grand roi, que de la présence de deux grands hommes.

Au premier camp, le monarque rendit un hommage public aux talents de M. le Prince, en faisant marquer pour lui le plus beau logement. M. le Prince, étonné, vint s'en plaindre au roi, qui lui répondit qu'on n'avait agi que par son ordre, qu'il le regardait comme son général, et qu'il voulait qu'il en eût toutes les distinctions. Louis XIV, sans être un génie, eut toujours le bon esprit de mettre sa gloire à faire valoir tous les talents que son siècle a produits.

M. le Prince, en rappelant au roi qu'il avait manqué la conquête de la Flandre pour avoir divisé ses forces, le détermine à les rassembler pour fondre sur la Hollande; il propose de l'attaquer par la Meuse : le roi se décide pour l'avis de Turenne qui préférait le côté du Bas-Rhin. Le roi prend Rhinberg ; et Turenne, Orsoy, pendant que M. le Prince assiége Wesel. Avant de passer le Rhin, les Suisses se révoltent; Condé les fait entourer par son armée, et la crainte d'un châtiment prompt et rigoureux les décide à se soumettre. Pendant le siége, les femmes de la ville effrayées des progrès des travaux, et de la prise d'un fort essentiel dont les Français s'étaient rendus maîtres, firent demander à M. le Prince la permission de sortir de la ville : il sentit que la frayeur qu'elles pouvaient y répandre faciliterait peut-être sa conquête ; il répondit qu'il n'avait garde de se priver du plus bel ornement de son triomphe. Son calcul fut juste, et ces mêmes femmes forcèrent le gouverneur à rendre la place au bout de trois jours. Condé marche à Emmerick, et parvient à s'en emparer, en conservant à la ville ses magistrats, ses priviléges, et toutes ces petites consolations de vaincus dont les faibles se montrent si jaloux, et dont les vainqueurs sont si prodigues. Hults, Dorkel, Huessel, se soumettent à M. le Prince. Turenne assiégeait Rées ; le gouverneur se défendait vigoureusement ; Condé le fait sommer : à ce nom, les habitants veulent forcer la garnison à se soumettre ; le gouverneur résiste, mais son opiniâtreté ne retarda la prise de la place que de quelques jours.

Le prince d'Orange défendait l'Issel avec toutes ses forces ; Condé, dont les avis portaient toujours l'empreinte de son ame, propose de passer le Rhin, et de faire tomber, par ce moyen, le plan de défense de l'ennemi. Louis XIV admire le projet et l'accepte; Turenne l'examine et ne s'y refuse pas. On avait des bateaux de cuivre, invention nouvelle due à un nommé Martinet. Deux gentilshommes du pays indiquent un gué où il n'y avait que trente pas à nager; on le sonde, on le trouve praticable, et tout se dispose pour cet événement si fameux dans l'histoire, et trop célébré par la flatterie, mais digne des éloges de la vérité, par la hardiesse du projet et la rapidité de l'exécution.

Le prince d'Orange, trompé quelque temps par les démonstrations qu'on ne manqua pas de faire du côté de l'Issel, pénètre enfin les vues du roi, et détache, pour s'y opposer, le comte de Montbas d'abord, et ensuite le maréchal de Wurtz avec un corps qui paraissait assez considérable pour seconder des obstacles que la nature opposait elle-même au passage d'une armée, mais qui l'était trop peu pour résister à Condé, à Louis XIV et à des Français. Le roi se rend à dix heures du soir à la tente de M. le Prince. On travaille toute la nuit à élever des batteries, des redoutes, des épaulements, pour favoriser l'établissement du pont et le passage de l'infanterie. On décide que la maison du roi et une partie de la cavalerie passera au gué et à la nage. M. le Prince eût bien desiré se mettre à la tête, mais la goutte qui ne lui permettait pas de mettre les pieds dans l'eau, le détermina à passer dans un bateau avec son fils, le duc de Bouillon, le prince de Marsillac, et quelques autres. Il s'éloignait déjà du rivage, quand on vit arriver le duc de Longueville, qui cria qu'il allait se jeter à la nage si on ne l'attendait pas : M. le Prince retourna et le prit dans son bateau. On passe, on aborde, on se multiplie; dès la première charge, la cavalerie ennemie est mise en déroute, l'infanterie demande quartier : la plus périlleuse de toutes les entreprises allait réussir sans qu'il en coûtât une goutte de sang ; mais la valeur inconsidérée du duc de Longueville répand tout-à-coup un voile funèbre sur des lauriers si précieux. Arrivé le premier avec le duc d'Enghien et les volontaires, sur cette infanterie hollandaise qui demandait quartier, il le refuse, et tire un coup de pistolet. On lui répond sur-le-champ par une décharge qui l'étend mort, et près de lui l'élite de la noblesse française.

Condé s'avançait pour secourir cette jeunesse ardente, dont il craignait la témérité; un officier ennemi vient à lui et lui tire un coup de pistolet qui l'aurait tué roide s'il n'avait pas dérangé le pistolet avec la main; ce qui lui fit recevoir le coup dans le poignet. Il ne songea à se faire panser que quand il eut vengé son malheureux neveu et assuré la gloire de la France. Alors, ce grand homme, couvert de gloire, mais éprouvant à-la-fois les deux plus grands maux de l'humanité, les douleurs du corps et les peines de l'ame, se laissa descendre de cheval dans une grange, et fit mettre le corps du duc de Longueville à côté de lui. A peine ce jeune prince avait-il perdu la vie, qu'on vit arriver un envoyé de Pologne qui lui apportait la couronne de son pays: assemblage frappant du comble et du néant des grandeurs humaines.

Le roi vint voir M. le Prince, et lui témoigna sa reconnaissance dans les termes les plus touchants; il fit passer Turenne au commandement de l'armée, et donna au duc d'Enghien, malgré sa jeunesse, celui qu'avait Turenne.

Condé fut transporté à Emmerick, où il apprenait avec plaisir la rapidité des conquêtes de Louis XIV; mais il ne cessait de lui faire dire que la plus importante à faire était celle d'Amsterdam, et qu'il ne devait rien négliger pour s'emparer de cette capitale. L'excessive prudence de Turenne en décida autrement, et Louis XIV fut blâmé généralement en cette occasion, de n'avoir pas plutôt fait usage du feu de Condé que du plomb de Turenne. Ce monarque joignit à cette faute celle de disperser son armée, pour garder les places au lieu de les raser, comme M. le Prince (1) en était d'avis; ce qui lui fit perdre en peu de temps tout le fruit de sa gloire et de ses conquêtes. Le roi fut obligé de revenir à Versailles, n'ayant plus que des garnisons et point d'armée. Dès que M. le Prince put soutenir la voiture, il se mit en route pour Chantilly, en traversant les Pays-Bas, à petites journées, et toujours occupé de ce qui pourrait être utile à l'état. Il eut dans ce trajet, avec le comte de Monterey, gouverneur des Pays-Bas, plusieurs conversations intéressantes, dont il rendit compte au roi.

Au retour de M. le Prince, l'abbé d'Orléans,

---

(1) Il était pour lors à Utrecht, où le roi vint le voir.
(*Note de l'auteur.*)

frère aîné du malheureux duc de Longueville, en faveur duquel il avait renoncé à son droit d'aînesse, vint lui faire une proposition à laquelle il ne s'attendait pas ; c'était de faire un testament par lequel il lui donnerait tous ses biens. M. le Prince eut la générosité de l'en détourner, et de le déterminer à faire ce testament en faveur de la duchesse sa mère ; et comme, après la mort de sa sœur, ces biens lui seraient revenus, il poussa le désintéressement jusqu'à forcer l'abbé d'Orléans à substituer, par ce même acte, la principauté de Neufchâtel et ses autres terres au prince de Conti, après la duchesse de Longueville. Ce testament fut attaqué dans la suite par madame de Clermont, qui en produisit un autre ; mais la validité du premier fut décidé au parlement en faveur du prince de Conti.

Le torrent des prospérités de Louis XIV avait tellement frappé l'Europe d'étonnement et de crainte, qu'elle n'avait pas osé chercher les moyens d'en arrêter le cours ; mais, dès qu'elle vit la fortune de ce monarque chanceler, tout s'arma pour en précipiter la chute. L'électeur de Brandebourg, l'empereur Léopold, le duc de Lorraine, forcèrent bientôt le monarque à craindre pour ses frontières.

A peine M. le Prince était-il à Chantilly, que le roi le chargea de la défense du Haut-Rhin, de l'Alsace, de la Lorraine et du Pays-Messin. Sa blessure, qui n'était pas encore guérie, ne l'empêcha pas de voler sur-le-champ aux ordres de son souverain, et à la défense de son pays. Ses sages dispositions empêchèrent l'ennemi de pénétrer dans la France ; il ravagea l'électorat de Trèves, et détacha sa cavalerie au secours de Charleroy, dont le siége fut aussitôt levé.

Bientôt les maladies se mirent dans son armée ; l'abondance des pluies, le débordement des rivières, avaient rendu les chemins impraticables, et les vivres rares et difficiles. Chaque jour augmentait la misère, et l'on commençait à murmurer de ce qu'il s'obstinait à garder le camp qu'il occupait. Mais indépendamment des motifs militaires qui pouvaient l'y forcer, la raison qui l'y déterminait était l'impossibilité de transporter ses malades, et la ferme résolution où il était de ne pas les laisser sans secours à la merci de l'ennemi. Sa persévérance fut couronnée du succès ; le temps s'adoucit, les rivières rentrèrent dans leur lit, l'abondance et la santé se rétablirent dans l'armée, et M. le Prince la ramena à Metz, ayant sauvé par sa constance tous ces braves gens, qu'on voulait le forcer d'abandonner, et sans doute plus content de lui-même qu'après la plus glorieuse de ses victoires. Il ne quitta l'armée qu'après avoir visité avec son fils et le fameux Vauban, tous les bords du Rhin, de la Moselle et de la Meuse, et pris toutes les précautions qui pouvaient préserver le royaume d'une invasion.

Le roi reçut M. le Prince avec les plus grandes marques de distinction et d'amitié, et lui fit part des projets les plus vastes, tels que la conquête des Pays-Bas et de la Franche-Comté. M. le Prince, en admirant le courage et les grandes vues du monarque, lui conseilla d'en remettre l'exécution à des temps plus heureux.

L'année suivante, Louis XIV met trois armées sur pied, et confie à M. le Prince le commandement de celle qui était destinée à contenir la Hollande et le prince d'Orange, pour donner plus de facilité au mouvement de l'armée qui devait agir, et dont le roi s'était réservé le commandement. Le premier soin de Condé fut de réparer la faute qu'il avait tâché de prévenir dans la précédente campagne; il se contenta d'occuper et de fortifier les postes

1673.

les plus importants, et fit évacuer et démolir les autres.

En parcourant ces pays nouvellement conquis, ce prince, à qui l'histoire reproche un penchant à la dureté, développa toute la sensibilité de son ame, à l'aspect de la misère et de la dévastation dont le tableau s'offrait partout à ses regards. Louvois, ce ministre impérieux et cruel d'un roi trop avide de conquêtes, faisait imposer les taxes les plus dures et les plus exorbitantes sur ces malheureuses victimes de l'ambition des souverains, qui, sans participer à la gloire des succès, ne connaissent que les malheurs inséparables de la guerre, l'oppression, la ruine, la souffrance et la mort, dont ce fléau les acccable de toutes parts.

M. le Prince, suivi d'une armée, parut au milieu de ces provinces conquises plutôt en consolateur qu'en général, et se montra sensible aux plaintes des malheureux ; il s'empressa plusieurs fois de faire parvenir à la cour les réclamations soumises, mais fondées, que la nécessité de vivre leur arrachait, et fit sentir le besoin de s'attacher, par une domination douce et bienfaisante, ces peuples dont la soumission ne pouvait être que chancelante, puisqu'elle n'était que l'ouvrage de la force. La voix de ces malheureux, la justice de leurs demandes et l'intercession d'un grand homme auraient décidé tout autre que Louvois à accorder quelque soulagement à leur misère; mais ce ministre inexorable répondit qu'on avait plus besoin de l'argent de ces peuples que de leurs bonnes grâces; et Condé fut réduit à plaindre des infortunés qu'il ne lui était pas permis de soulager.

Il fut plus heureux pour ses soldats dont il parvint à faire augmenter la paie, ce qui lui donna plus de droit à les contenir dans cette exacte discipline, nécessaire pour assurer l'autorité d'une seule tête sur la multitude des bras. Ce prince fut reçu dans la ville d'Utrecht, non seulement avec les plus grands honneurs, mais avec ces cris d'enthousiasme et ces démonstrations de joie dont l'expression tumultueuse, mais naïve, est toujours sentie par cette classe d'hommes que leur naissance accoutume et condamne à recevoir les hommages trompeurs d'un froid respect ou d'une basse adulation.

Ce fut de cette ville que Condé, qui ne pensait jamais qu'au bien de la chose, et dont l'armée ne devait pas agir pour le moment, fit passer à l'armée royale et à celle de Turenne, toutes les vieilles troupes qui avaient hiverné en Hollande. Il reçut à leur place des régiments de nouvelle levée, que ses talents et la confiance qu'il inspirait, rendirent bientôt presqu'aussi redoutables que les corps les plus aguerris.

Au milieu de ces occupations, ce prince fut assailli de la plus violente attaque de goutte. La plupart des savants dont la Hollande était alors remplie, s'étaient rassemblés à Utrecht; il rechercha leur société, sans y être jamais de trop : son esprit et ses connaissances y ramenaient l'égalité que son rang paraissait en exclure. Ce prince était convaincu que « la con-
» versation des gens de lettres répand des
» charmes sur tous les âges de la vie, qu'elle
» forme l'enfance, éclaire la jeunesse, occupe
» l'âge mûr, console la vieillesse, n'effraye
» que les faibles, et délivre des sots. »

L'objet que l'on traitait le plus communément dans ces conférences, était la religion. Condé, qui soumettait peut-être un peu trop sa foi aux lumières de sa raison, cherchait à dissiper ses doutes, en s'éclairant du flambeau de la philosophie. Si l'objet était louable en lui-même, le moyen était dangereux, car en fait de religion, le devoir qu'on nous enseigne, est de rejeter, sans examen, les erreurs que notre raison nous présente comme des vérités, et de croire aveuglément les vérités qu'elle nous peint comme des mensonges. Si les lumières de M. le Prince le portaient, dans son intérieur, à s'élever contre des préjugés, la justesse de son esprit le décidait toujours à les respecter en public. Entouré de philosophes peu affermis dans la foi, il ordonnait des prières publiques pour le succès de ses armes, et s'attachait par cette dévotion apparente tous les catholiques des provinces conquises, qui joignirent leurs vœux à ceux des Français ; tant il est vrai que le fanastime porte l'aveuglement jusque sur les devoirs les plus sacrés ! Ce sentiment si naturel, l'amour de son pays et de ses concitoyens, oublié par les catholiques, fut vivement senti par les protestants; il ranima le courage des chefs, ouvrit les trésors des riches, conduisit le travail des pauvres, ranima l'industrie et la valeur de tous. Des forts s'élèvent de toutes parts, les digues sont coupées, le pays est inondé ; enfin la dévastation, compagne ordinaire de l'esclavage et de la mort, devient pour cette fois le gage de la vie et l'arme de la liberté. Après avoir pris toutes les précautions humaines, ces hérétiques osent implorer aussi l'assistance des secours divins; ils élèvent leurs mains profanes, mais suppliantes, vers le ciel ; ils opposent la ferveur à la régularité; mais de tous ces vœux ou permis ou proscrits, les moins orthodoxes parurent les seuls exaucés par l'Être - suprême, dont sans doute la grandeur et la bonté veillent bien plus sur les besoins que sur les opinions des hommes.

La singularité de la défense et l'opiniâtreté des défenseurs, ne ralentissaient point la vigilance et l'activité de M. le Prince; et malgré l'avis de Louvois, qui ne voulait se servir de lui que pour contenir les Hollandais, il cherchait à porter des coups décisifs; mais le courage et les talents du prince d'Orange, en sauvant Nieuwerluys et Muyden, dont la prise eût entraîné la perte d'Amsterdam, firent échouer le hardi projet que M. le Prince avait conçu, de pénétrer dans le pays de deux côtés à-la-fois, en passant sur des digues étroites et rompues en beaucoup d'endroits.

Tandis que Condé se voyait forcé de céder à des obstacles insurmontables, Louis XIV attaquait et prenait Maëstricht en treize jours de tranchée ouverte. Ce monarque se vit forcé d'interrompre ses conquêtes pour aller veiller à la sûreté de l'Alsace et de la Lorraine menacées par l'empereur. En partant, il envoya 12,000 hommes à M. le Prince, qui proposa de conquérir la Frise ou le Brabant; mais Louis XIV lui ordonna d'attendre l'effet de la descente en Zélande; elle n'eut pas de succès: le fameux Ruyter battit les flottes combinées de France et d'Angleterre, et Condé, se voyant réduit à l'inaction la plus entière, envoya 6,000 hommes à l'évêque de Munster qui, seul, pouvait agir.

L'empereur se déclare contre la France, presque tout l'empire suit son exemple, et cet événement change la face de l'Europe et le théâtre de la guerre. M. le Prince, à cette nouvelle, se décide sur-le-champ à faire passer à Turenne une partie de son infanterie; il se porte en même temps avec sa cavalerie dans le pays d'Alost, et de là se répand dans les Pay-Bas, dès que le comte de Monterey se fut déclaré.

Le prince d'Orange voyant l'armée française s'éloigner, sort aussitôt de ses marais, s'empart de Naerden, et s'avance dans le Pays-Bas, où il fut joint par 12,000 Espagnols. La situation de M. le Prince devenait critique; il n'avait que 15,000 hommes et des troupes en mauvais état. Louvois affectait de regarder cette armée comme peu intéressante, et les représentations du prince ne gagnèrent rien sur la mauvaise volonté du ministre; mais les talents du général suppléèrent au peu de force de l'armée, et Condé manœuvra si savamment, que le prince d'Orange, perdant toute espérance d'avoir quelqu'avantage sur lui, prit le parti de remonter le Rhin pour joindre les impériaux.

A la fin de cette campagne, M. le Prince et Turenne avaient également à se plaindre de Louvois : ces deux grands hommes allaient se réunir pour éclairer le roi sur la conduite de ce ministre infidèle ou négligent; mais les larmes et la douleur de le Tellier, père de Louvois, désarmèrent, peut-être un peu trop légèrement, le courroux de M. le Prince, et Turenne fut le seul qui porta ses plaintes au pied du trône.

Le nombre des ennemis de la France qui grossissait tous les jours, et la défection de ses armées, obligent Louis XIV d'abandonner ses conquêtes en Hollande. Luxembourg qui était resté dans ce pays, et dont on ne connaissait pas encore tous les talents, fut chargé de l'évacuation ; elle était tellement importante et si difficile devant trois armées ennemies, que le roi jugea la prudence de Condé nécessaire au succès de cette opération. Mais, à peine était-il sur les frontières de Flandre, qu'il apprit, avec la plus grande joie, toute la gloire de son élève, qui s'était tiré de ce pas dangereux de la manière la plus brillante et la plus heureuse.

M. le Prince revint à la cour, où il donna, pour la seconde fois, le plan de la conquête de la Franche-Comté. Le roi l'adopta, et s'en chargea lui-même, ayant avec lui le duc d'Enghien qui commandait l'armée sous ses ordres. M. le Prince fut chargé d'arrêter dans les Pays-Bas, avec une poignée de troupes, toutes les forces d'Espagne et de Hollande. La Franche-Comté fit, cette fois, plus de résistance qu'en 1668, surtout la ville de Besançon, dont la prise devenait plus difficile par le débordement du Doubs ; mais la constance, les exemples et les libéralités du roi et du duc d'Enghien, surmontèrent tous les obstacles ; Besançon, Dôle et Salins, malgré leur résistance, subirent la loi du vainqueur, et toute la province fut bientôt conquise.

Condé, dans la Flandre, formait alors le

projet de s'emparer de Mons ; il n'attendait, pour ouvrir la campagne, que l'arrivée du maréchal de Bellefond, à qui l'on avait envoyé l'ordre de retirer les garnisons qui restaient encore dans quelques villes de Hollande, et de venir joindre l'armée de M. le Prince. Le maréchal, qui n'approuvait pas ce mouvement, osa suivre son sentiment intérieur, de préférence à l'ordre qu'il avait reçu; de sorte qu'il en fallut un nouveau pour le faire obéir, et ce délai donna le temps à l'armée impériale de lui couper le chemin. Condé n'eut pas plutôt appris cette nouvelle, que, malgré les douleurs de la goutte dont il était presque perclus, il se mit en marche pour aller au-devant du maréchal, et tâcher de faciliter sa jonction. Il se porte à Tongres, et, par ses manoeuvres, force les impériaux à se retirer à Limbourg, et le reste des alliés à demeurer tranquilles spectateurs de sa jonction avec le maréchal, après avoir pris les châteaux de Novagne et d'Argentan sur la Meuse, qui gênaient la communication de Maëstricht avec Liége. M. le Prince ramène son armée dans le Hainaut, en suivant toujours son projet sur Mons ; cependant, le mauvais état de ses troupes, et le nombre des ennemis de la France, le décidèrent bientôt à abandonner toute idée de conquête, pour ne s'occuper que de sauver le royaume, qui paraissait fortement menacé de tous les côtés: mais Turenne était sur le Rhin, et Condé dans les Pays-Bas; les Français étaient tranquilles.

M. le Prince avait trouvé le moyen de réparer son armée aux dépens du pays ennemi, dans lequel il se maintint, malgré les alliés, dont la supériorité balançait à peine celle de ses talents et la multiplicité de ses ressources. Cependant, il est vraisemblable qu'à la longue, les ennemis auraient pénétré dans la France, s'ils se fussent accordés sur les moyens d'y parvenir. Mais la différence des intérêts produisit bientôt la mésintelligence parmi eux; et le prince d'Orange, uniquement occupé de recouvrer Grave et Maëstricht, contrarié par les Espagnols, qui voulaient reprendre Charleroy, eut bien de la peine à se faire joindre par le comte de Souche, général des impériaux, dont toutes les vues se portaient sur l'Alsace. L'avis du prince d'Orange prévalut enfin, et les alliés se réunirent pour fondre sur M. le Prince qui, dès l'instant, s'était porté sur les hauteurs du Picton, près de Charleroy, position qui réunissait le double avantage d'être excellente par elle-même, et de mettre l'armée en mesure de prévenir l'ennemi campé à Nivelle, de quelque côté qu'il se dirigeât.

Le prince d'Orange, jugeant la position de M. le Prince inattaquable, se décide à se porter sur le Quesnoy, et à cet effet, marche à Séneff le 11 août, à la pointe du jour. Par ce mouvement, il prêtait le flanc de très près à l'armée de M. le Prince, à qui cette faute n'échappa pas: il se détermine aussitôt à profiter de l'occasion pour tomber sur leur arrière-garde; il fait attaquer Séneff par le marquis de Mnotal, envoie Fourille charger six escadrons ennemis, dont il lui était nécessaire de se défaire, et fond lui-même à la tête de la cavalerie de la maison du roi, sur celle du prince de Vaudemont. La victoire se déclare pour lui de tous les côtés; mais Condé croyait toujours n'avoir rien fait, tant qu'il voyait encore des ennemis à vaincre. Il apercevait la moitié de l'armée ennemie qui l'attendait en bataille sur une hauteur défendue par des vergers et des haies garnis d'infanterie : tous ces obstacles n'arrêtent ni l'impétuosité du général, ni la valeur des Français; l'infanterie attaque les haies et les emporte. M. le Prince, à la tête de la cavalerie et des gardes-du-corps, charge une seconde fois la cavalerie ennemie, la met en déroute, et la poursuit jusqu'au prieuré de Saint-Nicolas, où de nouveaux obstacles attendaient les vainqueurs. Pleins de confiance et d'ardeur, ils attaquent les jardins du prieuré qui étaient farcis d'infanterie : l'ennemi oppose la plus forte résistance ; mais bientôt il se voit encore obligé de céder à la vigueur de l'attaque et aux talents de celui qui les dirigeait ; il fuit jusqu'au village de Faith : là, le prince d'Orange rassemble toutes ses forces, et couvert par des jardins, des haies, des ruisseaux et des marais, il se détermine à attendre si l'audace des Français et de leur chef ira jusqu'à l'attaquer derrière des retranchements si redoutables.

M. le Prince arrive en vainqueur à la vue de cette position formidable, et n'hésite point à faire ses dispositions pour l'attaquer. Il en donne l'ordre, et le combat recommence avec plus d'acharnement encore qu'auparavant : les ennemis se battent en désespérés ; les Français font des prodiges de valeur ; le sang ruisselle ; les avantages se balancent : Condé lui-même à la tête des gardes-du-corps et de la brigade de Caylus, après avoir enfoncé d'abord, éprouve des moments de revers et les répare avec la gendarmerie que Luxembourg, opposé aux impériaux, avait envoyée à son secours ; les alliés étaient détruits, si les Suisses, que leur position mettait à portée de décider la victoire, n'avaient pas refusé de marcher. Condé envoie chercher d'autres troupes, le temps se perd, son cheval est tué sous lui ; pour la seconde fois il tombe dans un fossé : le duc d'Enghien vole à son secours, le relève et est blessé lui-même. M. le Prince, en attendant l'infanterie, entretient le combat avec la cavalerie ; mais cela ne décidait pas la troisième victoire : la nuit arrive, et le combat continue au clair de la lune : il cesse enfin ; on s'attend à recommencer au point du jour.

Condé fait de nouvelles dispositions : tout-à-coup on entend une décharge de mousqueterie ; c'était une ruse des ennemis qui profitaient de la nuit pour se retirer. Au jour, M. le Prince fit entrer son armée victorieuse dans le camp de Picton, emportant avec lui 105 drapeaux ou étendards, et beaucoup d'autres trophées, monuments plus certains de la victoire que le *Te Deum* qu'on osa chanter à La Haye, et dont, sans doute, le Dieu des armées repoussa l'orgueilleux et ridicule hommage.

Les Français eurent 7,000 hommes tués dans cette journée, et les ennemis 2,000. Si l'on réfléchit un moment sur l'excès de valeur, de talent, d'audace et de présence d'esprit qu'il a fallu à M. le Prince pour assurer sa gloire dans cette occasion, on est moins étonné que, chez les nations idolâtres, le nom d'homme ait pu paraître quelquefois au-dessous de ces mortels pleins de force et d'énergie, et de ces êtres étonnants, qui semblent reculer les bornes de l'humanité, en dérobant à la divinité même les rayons éclatants de gloire et de bonheur dont ils savent s'environner.

Le Stathouder, brûlant de justifier le *Te Deum* de La Haye, couvrit sa perte, mais ne la répara pas, en se faisant joindre par ses garnisons, et se porta sur Oudenarde qu'il investit. La ville était défendue par le marquis d'Argouge et de Rannes et le fameux Vauban ; le Stathouder pressait vivement ses attaques, dans l'espoir d'emporter la place avant que M. le Prince fût en mesure de la secourir : mais Condé marchait à grandes journées pour la sauver, à quelque prix que ce fût. Le prince d'Orange, souvent malheureux et jamais découragé, proposa de marcher à sa rencontre ; mais le feld-maréchal de Souche s'y opposa fortement; et cette incertitude des généraux ennemis ayant donné le temps à M. le Prince d'arriver à portée des lignes des assiégeants, et de faire ses dispositions pour les attaquer le lendemain, ils furent forcés de se retirer avec la plus grande précipitation pendant la nuit, dont les ténèbres furent encore prolongées par un brouillard épais qui dura jusqu'à neuf heures du matin. Condé se mit à leur poursuite, et joignait déjà leur arrière-garde, mais les manœuvres savantes du comte de Souche sauvèrent l'armée des alliés, qui se retira en désordre sous les murs de Gand.

Condé pouvait facilement poursuivre ses succès; mais, à son ordinaire, il préféra le bien de la chose à sa gloire personnelle; il détacha 15,000 hommes de son armée pour renforcer en Alsace celle de Turenne, qui était trop peu nombreuse pour résister à celle qui lui était opposée, et crut pouvoir ensuite retourner à la cour.

Louis XIV vint au-devant de lui au haut du grand escalier de Versailles; le prince, qui avait de la peine à monter à cause de sa goutte, cria au roi de l'excuser, s'il le faisait attendre: à quoi le roi répondit par ce compliment flatteur, si connu et si digne de l'être: « Mon cou-

» sin, ne vous pressez pas ; quand on est aussi
» chargé de lauriers que vous l'êtes, il est tout
» simple que l'on ait de la peine à marcher. »
C'est ainsi qu'un grand roi sait reconnaître et
mériter les services d'un grand homme.

La mort du roi de Pologne réveilla dans ce pays l'ancien parti de M. le Prince ; mais il avait atteint l'âge qui dissipe les illusions : le rang éminent et certain qu'il occupait en France, la réputation aussi solide que brillante dont il jouissait dans le sein de sa patrie, lui parurent des biens plus assurés qu'une couronne toujours chancelante, parce que c'est l'intrigue qui la donne. Ce monstre, dont les gouvernements sont le trône, et les peuples le jouet, refuse souvent ce qu'il promet, empoisonne toujours ce qu'il accorde, et détruit bientôt ce qu'il a donné.

Condé, que ses réflexions et son expérience avaient convaincu de ces vérités, marqua la plus grande indifférence sur l'événement de la diète, et l'éloquence de Jablonowski décida la noblesse polonaise en faveur du grand maréchal Jean Sobiesky.

M. le Prince, à la tête de 60,000 hommes partagés en plusieurs corps, dont le roi voulut en commander un du côté de Charleroy,

1675.

entre dans les Pays-Bas, après avoir envoyé Créqui s'emparer de Dinant; et Rochefort, de Hui : il assiége Limbourg, défendu par un prince de Nassau. Le roi couvrait le siége avec tous les corps répandus dans les Pays-Bas, qu'il avait réunis pour en faire une armée d'observation. Le Stathouder marche à lui, le roi passe la Meuse pour aller à sa rencontre; M. le Prince laisse achever la conquête de Limbourg à son fils, et joint l'armée du roi. Le Stathouder se retire aussitôt : Condé profita de cette retraite précipitée pour s'emparer de Tirlemont, de Saint-Tron et de plusieurs autres places, et fit contribuer tous les Pays-Bas.

Les Allemands ayant paru sur les bords du Rhin, le roi crut nécessaire d'envoyer une grande partie de l'armée de M. le Prince à celle de Turenne, et ne lui laissa que 35,000 hommes pour s'opposer au prince d'Orange qui en avait plus de 60,000. Malgré cette disproportion, Condé s'établit dans le pays ennemi, battit partout les détachements de l'armée des alliés; mais la mort de Turenne, les fautes de ses successeurs, et les malheurs de l'état firent bientôt appeler M. le Prince en Alsace, où les ennemis étaient entrés par la trahison des habitants de Strasbourg. Sa santé, quoique affaiblie par les fatigues de la guerre et les douleurs de la goutte, ne le fit point hésiter à suivre les ordres du roi. Il laissa Luxembourg, son digne élève, à la tête de l'armée de Flandre, et partit avec un détachement pour se rendre en Alsace. A Metz, il apprit la défaite de Créqui à Consarbrick : il ne lui manquait que d'être battu pour être un grand capitaine, dit alors le prince, dont le coup-d'œil savait mesurer les talents d'un général avec autant de justesse que les ressources dans une bataille; cette prédiction se justifia. Le prince donna ses ordres pour réparer, autant qu'il était possible, ce malheur, et continua sa route. Tout son desir était, disait-il, d'entretenir une heure l'ombre de Turenne ! Quel éloge pour tous les deux ! Il arrive enfin en Alsace. Le maréchal de Duras qui la commandait, s'était retranché à Chatenoy; mais la défaite de Consarbrick et la prise de Trèves ouvraient l'entrée de la Lorraine aux ennemis. Déjà Montecuculli assiégeait Haguenau; Condé courut au secours de cette place vigoureusement défendue par Mathieu de Castella. Montecuculli craignit qu'il ne lui coupât la communication avec Strasbourg; il leva le siége, et marcha à la rencontre de M. le Prince qui l'attendait, de pied ferme, quoique fort inférieur à lui, en se couvrant du ruisseau de Bruch. Les deux armées se canonnèrent vivement; mais ce n'était qu'une feinte de Montecuculli, qui voulait, par-là, dérober la marche d'un gros détachement qu'il envoyait par sa droite, se saisir des montagnes qui séparent l'Alsace de la Lorraine. Ce mouvement n'échappa point à M. le Prince; il le fit échouer en regagnant Chatenoy, d'où il couvrait toutes les provinces menacées. Condé tint près de deux mois dans ce camp où Montecuculli ne croyait pas qu'il pût subsister quinze jours. Jamais ce général habile ne put entamer les convois et les fourrages de l'armée française, et bientôt il fut obligé de repasser le Rhin, faute de pouvoir vivre à portée d'une armée qu'il comptait déposter ou détruire par la disette qu'il éprouva lui-même. Il fit une entreprise sur Saverne qui ne réussit pas; et celle de M. le Prince sur le Brisgau, qu'il avait envoyé ravager par 4,000 chevaux, eut tout le succès qu'il s'en était promis.

Ce fut par cette campagne aussi sage que savante, que M. le Prince couronna ses travaux militaires, et nous ne le verrons désormais soutenir sa gloire que par ses vertus. La santé de ce grand homme s'affaiblissait de jour en jour ; il sentit qu'elle pourrait lui manquer dans ces moments intéressants, où la force du corps est aussi nécessaire que celle de l'ame; et la crainte de compromettre à la fin, et l'intérêt de l'état et la réputation qu'il s'était justement acquise par trente-cinq ans de gloire et de succès, lui fit prendre le parti de demander au roi de lui associer son fils, alors âgé de trente-trois ans, dans le commandement de l'armée de l'Alsace que Sa Majesté lui offrit.

Mais Louvois, plus ambitieux que citoyen, sut employer, en homme de cour, cette arme ministérielle dont la pointe devrait être émoussée depuis le temps qu'on s'en sert, mais dont les coups obscurs ne sont pas moins certains, quoiqu'avilis souvent par la main qui les porte. Gloire, honneur, estime et reconnaissance à ces hommes rares dont un cœur pur dirige les talents; à ces ministres vraiment utiles, que la Providence accorde aux états pour éclairer la bonté des rois, avertir leur justice, et fonder leur grandeur sur l'amour de leurs peuples et la crainte de leurs voisins! Mais loin du trône à jamais ces hommes vils, dont l'ame corrompue obscurcit les talents ou les déshonore, et ces êtres éphémères dont l'obscurité fait tout le mérite aux yeux de l'ambitieux qui ne les élève que pour les détruire, ou pour écarter la vertu qu'il craint. Leur existence ou dangereuse ou précaire change tout et ne remédie à rien; leur chute plus ou moins prompte et souvent nécessaire, n'est quelquefois qu'un malheur de plus pour les peuples, par l'instabilité qu'elle annonce, et les nouveaux changements qu'elle produit.

Pour revenir maintenant à l'histoire de Louvois, dont l'ambition n'était pas moins aveugle qu'effrénée, se voyant délivré par un coup de canon de l'existence importune du grand Turenne, il ne songeait plus qu'à saisir l'occasion d'éloigner le grand Condé du commandement des armées, et crut la trouver dans la proposition du prince de s'associer son fils. Il réveilla cette méfiance contre les princes du sang, qui fait partie de l'éducation des rois, et qu'un ministre adroit sait bientôt convertir en jalousie, si l'éclat du mérite relève celui de la naissance dans ces chefs de l'état, héritiers et soutiens naturels du plus beau trône de l'Europe.

L'élève de Mazarin devait, sans doute,

être plus susceptible qu'un autre de cette faiblesse des souverains ; mais Louis-le-Grand paraissait devoir en être à l'abri. Ce monarque était homme, Louvois était ministre, Condé prince du sang. Luxembourg fut nommé général, et M. le Prince alla rétablir sa santé à Chantilly.

Vers le milieu de la campagne, Philipsbourg fut assiégé : le roi sentit qu'il avait besoin des conseils du grand homme dont il avait refusé les services, il le fit venir à la cour ; mais Condé ne put empêcher ce qu'il aurait peut-être su prévenir ; et la prise de Philipsbourg donna, sans doute, quelques regrets à Louis XIV d'avoir trop écouté les conseils de Louvois : mais la fortune de ce grand roi n'était pas encore à son terme. Les victoires et les succès de Luxembourg et de Créqui lui firent oublier, pour un temps, le malheur d'avoir perdu Turenne, et la faute de n'avoir pas employé Condé, qui demeura cependant toujours l'ame de ses conseils et le guide de ses généraux.

1677.
1678.

M. le Prince ne s'éloigna pas des affaires tant qu'il crut pouvoir être utile au roi et à la nation ; mais dès qu'il vit la gloire de l'état assurée, il songea enfin à jouir d'un bonheur

qui lui avait été jusqu'alors inconnu, du charme d'une vie douce et tranquille. Il demanda au roi la permission de se retirer de la cour. Le monarque lui répondit avec cette grâce noble que les ames élevées savent manier seules avec tant d'avantage : « Mon cousin,
» j'y consens; mais ce n'est pas sans regret
» que je me verrai privé des conseils du plus
» grand homme de mon royaume. »

La retraite de M. le Prince à Chantilly fit la plus grande sensation à la cour. On en parla diversement; mais les propos d'un pays qui, comme on sait, n'admet jamais d'autre cause que l'ambition satisfaite ou contrariée, ne valent pas la peine de s'y arrêter. Oublions, pour un moment, la chimère des grandeurs, et portons nos yeux sur la marche de l'humanité; nous y trouverons tout naturellement la cause de cette retraite. Il est un âge où l'expérience arrache le bandeau; nos yeux longtemps fermés au jour de la réalité, ne s'y accoutument que par degrés; le charme des illusions ne se dissipe pas tout d'un coup, mais il s'affaiblit et s'envole bientôt avec la jeunesse : fatigué d'avoir couru vainement après le bonheur, par tous ces chemins tortueux semés de ronces et de fleurs, où le torrent du monde et la fougue des passions précipitent nos pas, on s'arrête, et bientôt on se souvient d'un sentier droit et uni qu'on n'a pas encore pratiqué ; c'est celui du repos : on le cherche, on le trouve, on le suit, et l'on arrive au but. Telle est la marche ordinaire de la vie humaine ; l'habitude des grandes choses ne détruit point la nécessité d'être homme. M. le Prince l'éprouva dans ce moment. Agé de cinquante-huit ans, courbé sous ses lauriers, rassasié de succès et vieilli par sa gloire, il se vit forcé de rendre à la nature les tributs de reconnaissance qu'elle exige, et qu'il lui devait plus qu'un autre, par l'emploi brillant qu'il avait fait de tous les dons qu'il en avait reçus.

Le mariage du prince de Conti avec mademoiselle de Blois fit reparaître M. le Prince à la cour. Peu occupé de sa parure, il portait toujours des habits très simples, et sa chevelure peu en ordre. Contre l'usage, il avait conservé jusqu'alors le petit toupet de barbe sous les lèvres. On tâcha de lui persuader de s'en détacher et de le décider à la parure ; on avait pris, sans doute, le moment où, comme le dit Mme. de Sévigné, il avait *les pattes nouées comme le lion*. Il céda, et parut à la cour, au grand étonnement des courtisans, qu'il effaça par sa bonne mine; rasé, les cheveux poudrés, avec un habit garni de diamants, ainsi que son épée, cette épée si redoutable (1), plus accoutumée aux honneurs de la victoire qu'aux parures de la cour. Après le mariage, M. le Prince s'en revint à Chantilly.

1680. La retraite de ce grand homme ne ressemble point à celle de ces ambitieux à qui le hasard a fait jouer un grand rôle, et qui, sur la fin de leurs jours, veulent afficher la philosophie, pour dérober le changement de leur existence aux yeux d'un monde qu'ils regrettent en secret, et dont leur orgueil ne peut plus soutenir les regards. Condé ne confondit point le repos avec la solitude; il était de sa destinée d'illustrer tous les théâtres dont il remplissait la scène, et les hommages de l'Europe le suivirent à Chantilly comme à la tête des armées.

Arrivé dans ce beau lieu que la nature sem-

---

(1) Cette épée a été conservée dans toute sa simplicité dans le cabinet des armes à Chantilly; on lisait au-dessous une inscription latine de Santeuil.

(*Note de l'Auteur.*)

blait avoir destiné pour la retraite d'un grand homme, il s'occupa du soin de l'embellir encore, et son goût naturel pour le jardinage se trouva un peu plus à l'aise, que quand il cultivait des pots d'œillets dans sa prison de Vincennes. Tous les changements qu'il fit, tous les ouvrages qu'il créa, portent l'empreinte de son génie; les petites choses ne se présentaient jamais à son idée, et rien ne lui paraissait agréable que ce qui portait le caractère de la noblesse et de la grandeur.

L'élévation de son ame ne se manifesta pas moins dans le choix de sa société. Chantilly rassemblait alors ce qu'il y avait d'illustre dans tous les genres; généraux, magistrats, négociateurs, gens de lettres, artistes, y étaient indistinctement admis, et même desirés, pourvu qu'ils eussent du mérite. M. le Prince ne trouvait au-dessous de lui que la médiocrité : supérieur dans plus d'un genre, instruit dans tous, le héros s'entretenait avec Créqui, Luxembourg ou Chamilly; l'homme d'état, avec d'Estrade, Barillon, Polignac; le prince instruit dans les lois, avec Boucherat ou Lamoignon; le connaisseur, avec Mansard, le Nôtre ou Coisevox; l'homme éloquent, avec Bossuet et Bourdaloue; le philosophe, avec La Bruyère et La Rochefoucaud ; l'homme de lettres, avec Boileau, Racine, Santeuil, la Fare, Mlle. de Scudéry, Mme. de la Fayette, et quantité d'autres gens de talents et de mérite dans tous les genres, à qui la postérité croit rendre un hommage de plus, en se rappelant qu'ils étaient de la société de ce grand prince. Elle avait perdu depuis quelque temps le célèbre Molière, mort en 1673, et que ce prince aimait beaucoup. Un rimailleur, qui ne cessait de l'assommer de ses ennuyeuses productions, vint lui présenter un jour l'épitaphe de cet illustre écrivain : « Ah ! » mon ami, lui dit le prince, je t'avouerai » franchement que j'aimerais bien mieux que » Molière me présentât la tienne. » Les ennuyeux lui étaient surtout insupportables. Il existait de son temps, à Paris, un homme de ce genre, et qu'il trouvait odieux par cette raison. Un jour que cet homme s'empressait près de lui, le prince ne put s'empêcher de dire, dans la conversation : « Si j'avais connu » deux hommes pareils en France, je crois, » en vérité, que je n'aurais jamais pu me dé- » cider à y rentrer. »

1681. Au milieu de ces occupations, si propres à charmer sa retraite, Condé n'oublia point la plus nécessaire et la plus satisfaisante de toutes, la bienfaisance. Les malheureux l'approchaient avec confiance, et se retiraient contents; il n'attendait pas les cris de l'indigence, il la cherchait pour la soulager; et le bonheur extrême de faire des heureux, en fut un plus grand pour lui que tout l'éclat de sa gloire.

La maladie du maréchal de Grammont, pour qui ce prince avait toujours conservé la plus tendre amitié, vint l'arracher aux charmes de la vie paisible qu'il menait; il vole de suite auprès de son ami, lui prodigue ses veilles et ses soins; il ne s'occupe, sans cesse, qu'à rassurer le malade, à tranquilliser sa famille, à mettre les médecins d'accord, et ce fut à l'assiduité du plus tendre des amis, que le maréchal dut son rétablissement. M. le Prince revint ensuite à Chantilly reprendre ses occupations ordinaires. Il s'en fit une aussi noble qu'utile de présider à l'éducation de son petit-fils, le duc de Bourbon, qui se montra dans la suite digne élève d'un tel maître. Il fit des prodiges de valeur à Steinkerque, et détermina la victoire de Nerwinde.

Louis XIV, attentif à tout ce qui pouvait ajouter à la grandeur à laquelle il voulait élever ses enfants légitimes, desira le duc de

1682.

Bourbon pour M{ììe}. de Nantes, et les princes se firent un devoir de marquer à ce grand roi leur respect et leur soumission. Le mariage se fit, et cette alliance parut augmenter les bontés et l'attachement de Louis XIV pour cette branche de sa maison. Il donna au duc de Bourbon la survivance de la charge de grand-maître de France et du gouvernement de Bourgogne, et vint à Chantilly avec toute la cour. M. le Prince l'y reçut avec autant de grandeur et de magnificence qu'en 1671, quand le roi lui fit le même honneur.

S'il est un âge où le dégoût du monde et la nécessité ramènent au repos, il en est un plus avancé, où notre raison, et plus souvent encore nos infirmités, nous avertissent d'une fin prochaine; alors, l'ambition d'exister, l'horreur du néant, et l'audacieuse fécondité de notre imagination, portent nos idées au-delà d'un monde où nous sentons que nous allons bientôt cesser d'exister. Les idées de religion fortement imprimées dans nos organes naissants, étouffées par les passions à mesure qu'ils se fortifient, se reproduisent aisément lorsque ces mêmes organes commencent à s'affaiblir.

M. le Prince, parvenu à l'âge de soixante-quatre ans, vivait depuis long-temps dans l'oubli de tous les devoirs de la religion; mais son indévotion n'avait pour base que ses doutes. Ennemi de l'impiété comme de la superstition, il avait marché, toute sa vie, d'un pas égal entre la foi et l'incrédulité; mais la conversion de la princesse palatine, la mort édifiante du prince de Conti, et surtout celle de la duchesse de Longueville, firent plus en un moment que quarante ans d'examen et de recherches. Cette princesse, dont les conseils et les égarements avaient eu tant de part aux erreurs de son frère, après l'avoir souvent entretenu, pendant sa maladie, des idées pieuses dont elle se pénétrait depuis long-temps, expirant à ses yeux, parut plutôt s'élancer vers le bonheur suprême, que subir le dernier malheur de l'humanité. L'ame du Grand-Condé pouvait-elle être insensible à tout ce qui portait l'empreinte du courage et de l'immortalité. Il ne se persuada pas que tant de vertu dût être ensevelie dans la nuit du tombeau, et la grandeur de la religion le persuada de la vérité. La conversion de M. le Prince n'apporta presque aucun changement à la vie qu'il menait depuis quelque temps.

La morale des belles ames n'est-elle pas celle de l'Évangile? Quel intérêt aurions-nous donc à trouver tant de différence entre les hommes vertueux ? La religion et la vraie philosophie ne cherchent-elles pas également le plus grand bonheur de l'humanité ? Pourquoi se déchaîner sur les causes, quand on n'a qu'à se louer des effets ? Les malheureux ne sont-ils pas également soulagés par la bienfaisance ou par la charité ? La patience dans les maux et la résignation dans les souffrances, n'ont-elles pas le même mérite à nos yeux ? Des mœurs douces et pures ne caractérisent-elles pas aussi bien le vrai philosophe que le vrai chrétien ? Condé sut être l'un et l'autre. Éclairé par ses réflexions sur les maux qu'avaient entraînés ses erreurs passées, il ne renferma point, comme tant d'autres, ses regrets dans le secret d'un oratoire; et les bienfaits qu'il envoya distribuer dans les provinces qui avaient le plus souffert de la guerre, répandirent presqu'autant d'éclat sur son repentir que sur ses égarements. Voilà la conversion d'un grand homme.

Ce fut cette année que les princes de Conti, ses neveux, qui s'étaient déjà couverts de gloire dans les campagnes de Hongrie, s'échappèrent de la cour pour voler à de nouveaux succès. Louis XIV, qui souffrait impatiemment que le sang des Bourbons s'exposât à couler pour la maison d'Autriche, les rappela, et M. le Prince leur écrivit très vivement de se rendre aux ordres du Roi; ils furent disgraciés à leur retour, et se retirèrent à Chantilly : l'aîné, cependant, obtint bientôt la permission de reparaître à la cour. Mais à peine était-il revenu qu'il fut attaqué, ainsi que la princesse sa femme, de la petite-vérole, à Fontainebleau. Condé s'y rendit auprès d'eux, et il eut la douleur de voir périr son neveu sous ses yeux. Madame de Maintenon, dejà parvenue au comble de la faveur, mais non pas encore au rang suprême, était fort assidue auprès de la jeune princesse qui était fille du Roi, et à qui elle rendait les soins les plus empressés ; et ce fut à cette occasion que le prince, s'approchant de madame de Maintenon, lui dit un jour à l'oreille : « Courage, Madame, courage, votre fortune n'est pas encore faite. »

Les partisans de l'incrédulité, désespérés d'avoir perdu M. le Prince, qu'ils regardaient comme leur plus ferme appui, publiaient partout que son esprit était blessé; mais les circonstances de sa mort prouvèrent bientôt que la fermeté de son ame existait encore toute entière, et que les idées de religion dont il s'était pénétré depuis quelque temps, non par faiblesse, mais par conviction, n'avaient point altéré cette tranquillité, ni cette présence d'esprit qui ne l'avaient jamais quitté, même dans les plus grands dangers.

1686. La duchesse de Bourbon fut, à son tour, attaquée de la petite-vérole à Fontainebleau. Condé, toujours rempli du plus tendre intérêt pour ses enfants, part sur-le-champ, malgré le dérangement de sa santé, pour se rendre auprès de sa petite-fille; il trouve en chemin le duc de Bourbon et sa sœur, que le roi renvoyait à Paris pour ne les pas laisser dans l'air contagieux de cette cruelle maladie : ils furent effrayés de la pâleur de M. le Prince, et tâchèrent de le dissuader de continuer sa route; mais ils ne purent l'en empêcher. Dès qu'il fut à Fontainebleau, la fatigue du voyage, celle de se faire porter tous les jours chez sa petite-fille, le mauvais air et l'inquiétude, augmentèrent bientôt le dépérissement de sa santé. L'effort qu'il fit un jour pour aller au-devant du roi et l'empêcher d'entrer dans la chambre de la malade, le fit trouver mal, et cette marque d'attachement qui hâta sa fin, ne fut cependant pas encore la dernière de sa vie.

Louis XIV, de retour à Versailles, essuyait une opération dangereuse. Ce monarque, au milieu des douleurs les plus aiguës, demandait sans cesse des nouvelles de M. le Prince, qui, de son côté, s'occupait bien plus de la santé du roi que de la sienne; il renvoya quatre fois auprès du roi le duc d'Enghien, en lui disant qu'il ne doutait point de sa tendresse, mais qu'avant tout, il fallait faire son devoir; et tel était l'enthousiasme de respect, si j'ose m'exprimer ainsi, qu'inspirait alors Louis XIV, que les devoirs d'un fils paraissaient même à son père inférieurs à ceux d'un prince et d'un sujet envers son souverain.

L'état de M. le Prince devenait chaque jour plus dangereux; il reçut, sans se troubler, l'arrêt de mort qui lui fut prononcé par un de ses médecins qu'il avait prié de lui parler franchement; et, dès ce moment, il s'occupa des soins d'un père de famille et des devoirs religieux d'un chrétien. Il envoya chercher son fils et son neveu; mais il résista aux instances de la duchesse d'Enghien qui voulait faire venir aussi le duc de Bourbon, par la raison, lui dit-il, qu'il était fils unique, que ses jours étaient précieux, et qu'il ne fallait point l'exposer à la contagion du mauvais air. Il dicta son testament avec sa présence d'esprit ordinaire. Après avoir satisfait au devoir de père, de maître, de prince et d'ami, Condé fit donner, par une disposition particulière, 50,000 écus à Gourville; mais ce fidèle serviteur, en faisant rédiger l'acte, n'oublia que ce qui le regardait. M. le Prince le lui reprocha du ton le plus rempli de tendresse et d'amitié; mais Gourville lui répondit: « Qu'il était trop payé » par l'excès de ses bontés, et qu'il ne voulait » d'autres bienfaits que la bienveillance des » princes ses enfants. » Il n'oublia, dans son testament, ni les pauvres, ni les provinces maltraitées par la guerre civile, quoiqu'il y eût déjà répandu des bienfaits; et il laissa 50,000 écus pour bâtir une église paroissiale à Chantilly.

Après avoir dicté ses dernières volontés, il voulut encore écrire au roi de sa main (1); mais sa faiblesse ne le lui permit pas, et il fut obligé de dicter la lettre, dans laquelle, après les protestations d'un attachement constant au roi, il lui demandait avec instances le retour

---

(1) Voir cette lettre dans la correspondance du Grand-Condé, qui se trouve à la fin de ce volume.

du prince de Conti. M. le Prince ordonna que cette lettre ne fût portée au roi qu'au moment de sa mort; il acheva de mettre ordre à ses affaires, et se rapporta particulièrement à son fils, dont il connaissait la tendresse et les vertus, pour suppléer à ce qu'il pouvait avoir oublié.

Vers onze heures du soir, il s'assoupit dans un fauteuil et dormit environ deux heures : à son réveil, il demanda son confesseur; mais le père Deschamps n'étant pas arrivé, il se confessa au père Bergier. Ce Jésuite l'invita, suivant l'usage, à pardonner à ses ennemis; mais le Prince lui dit: « Ah! pourquoi me » parlez-vous de pardon? vous savez que je » n'ai jamais conservé le plus léger ressenti- » ment contre personne. » Avant de recevoir ses sacrements, la religion exigeait de lui qu'il fît une réparation publique pour le scandale qu'il avait pu causer; trop faible pour pouvoir la prononcer lui-même, il en chargea son confesseur, qui s'en acquitta dans les termes consacrés par l'usage et l'humilité chrétienne. Il reçut le viatique, et sa piété ne fut point troublée par les pleurs et les sanglots dont sa chambre retentissait.

Un moment après, le duc d'Enghien arriva de Versailles, et annonça à son père, qu'à sa considération, le roi pardonnait au prince de Conti. M. le Prince eut encore la force d'être sensible à l'émotion du contentement de l'ame qui se fit jour sur son visage à travers les horreurs de la mort; il dit à son fils qu'il ne pouvait lui apporter une nouvelle plus agréable, et demanda la lettre qu'il venait de dicter pour y faire ajouter l'expression de sa reconnaissance.

Après avoir satisfait à ses devoirs, M. le Prince se livra sans réserve à toute la tendresse d'un père. Il prodigua ses caresses à son fils, qu'il avait toujours tendrement aimé, et causa près d'une heure avec lui; ensuite il demanda la duchesse d'Enghien, et fit sortir tout le monde. Alors il leur recommanda de vivre toujours dans l'étroite union qui les avait attachés jusqu'alors l'un à l'autre; et, après leur avoir donné des conseils fondés sur l'expérience d'une vie aussi féconde en événements, il serra ses enfants dans ses bras avec cette effusion vive et touchante, dernier élan d'un cœur sensible et vertueux. Ils se jetèrent à ses genoux, fondant en larmes, et lui demandèrent sa bénédiction, qu'il leur donna.

Le duc d'Enghien, aux pieds de son père, pénétré de tendresse et de regrets, s'évanouit au moment où M. le Prince lui dit : « Mon » fils, vous n'avez plus de père. » Dès qu'il eut repris ses sens, il se jeta à son cou, et le pria de lui pardonner si jamais il l'avait offensé. M. le Prince l'assura qu'il avait été aussi bon fils qu'il avait tâché, lui, d'être bon père. Il lui recommanda toute sa maison; elle demandait à le voir pour la dernière fois. M. le Prince se sentit encore la force de soutenir l'affreux spectacle qu'elle allait lui présenter : il la fit entrer. Les gémissements, la consternation, l'accablement et le désespoir d'une foule d'officiers et de valets, attendrirent sans doute son cœur, mais n'ébranlèrent pas la stoïque fermeté de son ame.

Le moment fatal s'approchait à pas lents, il demanda combien il pouvait encore avoir de temps à vivre; on lui répondit que cela dépendait de l'Être-Suprême : il se résigna, récita quelques prières, et s'occupa de ses enfants et de leur douleur; son ame pieuse et sensible ne voyait plus que sa famille et son Dieu qui fussent dignes d'elle. Dans ce moment, arriva le prince de Conti; M. le Prince eut encore du plaisir à le voir; il le fit approcher avec son fils, et les embrassa tous deux, en leur recommandant de s'aimer tendrement, et d'être toujours fidèles à Dieu et au roi. Ceux qui l'entouraient craignirent que sa sensibilité ne hâtât l'épuisement de ses forces; on lui parla de Dieu, il fit sortir sa famille, et s'entretint avec le père Deschamps, son confesseur : mais ses enfants lui firent demander la grâce de le voir encore une fois; il ne put la leur refuser; il fit connaître au duc d'Enghien ses intentions sur sa sépulture, lui donna encore quelques conseils, l'embrassa pour la dernière fois, et le pria de se retirer, sentant que ses forces commençaient à l'abandonner. De ce moment il ne pensa plus qu'à son salut; il donna les plus grands exemples de pénitence et de piété, conserva sa tête jusqu'au dernier moment, et rendit le dernier soupir le lundi 11 décembre, à sept heures du matin.

Le duc d'Enghien qui était resté dans la pièce voisine de celle où était le Prince, effrayé du mouvement qu'il entendit, voulut entrer : on l'en empêcha, et l'on parvint à le ramener chez lui : mais il fut impossible de l'y retenir; il se débarrassa de tout le monde, et courut au lit de son père, dont on avait couvert le visage d'un mouchoir. « Dieu ! s'écria-t-il, en tombant à ses pieds et versant un torrent de larmes, *est-ce là mon père?... Voilà donc tout ce qui reste de ce grand homme!* » On eut beaucoup de peine à l'arracher à ce spectacle affreux, dont la présence de la duchesse d'Enghien et du prince de Conti vint encore redoubler le déchirant tableau.

Enfin, le fidèle et malheureux Gourville, obligé par sa charge de penser à tout dans cet affreux moment, fit atteler une voiture, et se servant du pouvoir que l'attachement et les services acquièrent toujours sur les cœurs honnêtes, parvint à faire partir tous les princes pour Paris. Ils rencontrèrent en chemin le duc et la duchesse de Bourbon qu'ils emmenèrent avec eux.

Louis XIV, en recevant la lettre de M. le Prince, s'écria : « J'ai perdu le plus grand
» homme de mes états! » La vanité, peut-être, eut autant de part à cette expression que les regrets; mais, heureux les sujets dans lesquels un monarque place ainsi son orgueil!

Le corps de M. le Prince fut transporté, comme il en avait eu le desir, à Valery, diocèse de Sens, pour être inhumé près de ses ancêtres : la cérémonie s'en fit avec toute la pompe qui lui était due; son cœur fut déposé en l'église des Jésuites de la rue Saint-Antoine, à Paris, aujourd'hui paroisse Saint-Louis (1). On lui fit à Notre-Dame un service, lors duquel l'illustre Bossuet couronna sa célébrité dans l'oraison funèbre qu'il prononça, et dans laquelle il parcourut avec le plus grand succès le vaste champ que la vie de M. le Prince avait ouvert à l'éloquence chargée de son éloge.

---

(1) En portant au même endroit le cœur de M. le comte de Clermont, mon oncle, j'ai eu occasion de voir tous les cœurs de nos pères qui y sont déposés dans des boîtes de vermeil; j'ai remarqué, ainsi que tous ceux qui étaient avec moi, que celui du Grand-Condé était du double plus grand que les autres. J'ignore si l'ouvrier qui avait fait la boîte, avait eu l'intention de faire allusion au cœur moral de M. le Prince, ou si cette partie de son corps était réellement plus volumineuse qu'à l'ordinaire; mais quoi qu'il en soit, cette singularité m'a paru digne de remarque.
(*Note de l'Auteur.*)

Nota. L'Auteur n'aurait point été surpris de la différence qu'il a remarquée relativement au cœur du Grand-Condé, s'il eût été à même de voir, comme les gens de l'art, l'ouverture des corps et l'extraction des cœurs ; il aurait observé que les gens timides, lâches et avares, ont d'ordinaire ce viscère extrêmement serré; qu'au contraire, les gens braves, loyaux et généreux, l'ont extrêmement dilaté.
(*Note de l'Éditeur.*)

Ainsi termina sa brillante carrière, ce grand prince, dont le nom remplit encore l'univers. Dès qu'il parut sur la scène du Monde, il s'environna de lumières, et fixa sur lui l'attention de l'Europe. Vainqueur à Rocroy, dans un âge où c'est un mérite d'aspirer à l'être un jour, il sut triompher en même temps des lenteurs de la timidité, des conseils de l'ambition, de la valeur de ses ennemis et de l'inexpérience de son âge. A Fribourg, aussi brillant, mais plus étonnant encore, l'opiniâtreté de son courage lui fait surmonter, pendant trois jours, tous les genres d'obstacles réunis pour s'opposer à ses projets. Les retranchements les plus forts, les abattis les plus impénétrables, la résistance la plus longue et la plus vigoureuse, l'épuisement de ses troupes, l'escarpement des montagnes, l'épaisseur des bois, les horreurs de la nuit, tout semblait repousser sa gloire, et tout est forcé de céder aux efforts de son courage. L'année d'après (car il semblait que vivre et triompher ne fussent pour Condé qu'une même chose), il attaque à Norlingue les deux plus fameux généraux de l'Europe (le général Mercy et Jean de Wert), dans la position la plus formidable, et par ses savantes dispositions, la justesse de son coup-d'œil, et l'impétuosité de sa valeur, il remporte encore une victoire, malgré l'avis du Grand-Turenne, dont la sagesse s'opposait au combat, mais dont la conduite soumise, franche et valeureuse, eut une grande part à son succès.

Trois ans se passent à donner l'exemple de la valeur, de la subordination ou de l'empire sur soi-même; et bientôt le favori de la Victoire s'immortalise une troisième fois dans les plaines de Lens. Dans cette fameuse journée qui sauva la France, il dut peut-être moins son triomphe à la valeur de son bras qu'à l'emploi sage et réfléchi qu'il sut faire de ses talents et de son génie.

Mais l'intrigue et l'envie l'emportèrent bientôt sur l'estime et la reconnaissance; et le héros de la France fut plongé dans les fers comme le plus vil des criminels. Reine faible et malheureuse! ministre impudent et trompeur! avez-vous pu croire qu'un attentat sur sa liberté suffisait pour abaisser un grand prince innocent? L'homme célèbre ne doit quelquefois sa renommée qu'aux circonstances; la réputation du héros peut être formée ou démentie par le hasard; mais le grand homme ne dépend que de lui-même. Peu importe à sa supériorité dans quel sens les hommes et les choses se meuvent autour de lui ; également grand dans le bonheur ou l'adversité, il donne du lustre à ses succès, et semble en recevoir de ses revers. Tel fut toujours M. le Prince, triomphant des ennemis de l'état, succombant sous les siens, ou se relevant avec gloire, appuyé sur sa noble existence, et soutenu par l'enthousiasme des Français et l'admiration de l'univers.

Ce grand Prince eût été toute sa vie l'objet de la reconnaissance et de l'amour de son pays, si le malheur des temps, les mauvais conseils de ses amis, les intrigues du cardinal de Retz, le caractère d'Anne d'Autriche, et la duplicité de Mazarin, ne l'avaient pas précipité dans ces égarements qui, sans doute, augmentent sa célébrité, mais que sa gloire désavoue. Dans ces temps orageux, où le choc des intérêts des grands allume ces feux cachés dont les secousses ébranlent les empires, et dont l'explosion souvent les embrase, les grands événements disposent des grands hommes ; et la modération, cette vertu si rare et si nécessaire, ne paraît alors aux ames élevées que le partage de la faiblesse, ou le sceau de la médiocrité.

M. le prince de Condé pouvait-il échapper au précipice qui s'ouvrait sous ses pas? Il tombe dans cette erreur dont les règnes précédents avaient frayé la route dangereuse; et la France étonnée, en cherchant son défenseur, ne s'accoutume point à pleurer sur les succès d'un héros dont elle avait jusqu'alors partagé la gloire.... Mais n'écoutons point la Renommée, et cachons, s'il est possible, sous les lauriers dont M. le Prince se couvrit en servant l'état, ceux qu'il ne cueillit qu'à regret en combattant contre la cour.

L'orage se dissipe, la fureur des factions s'appaise, la foudre cesse de gronder; Condé rentre dans le devoir, et le traité des Pyrénées rend à la France son héros et ses beaux jours. Le mérite et la célébrité de M. le Prince ne s'éclipsent point avec les circonstances; l'énergie de son ame subsiste tout entière au milieu des douceurs du repos, et ses loisirs sont des projets de conquêtes. Il médite celle de la Franche-Comté; il la propose, il l'entreprend, tout est soumis en quinze jours. Nouvelle guerre, nouveau succès; l'active ambition de Louis XIV projette la destruction de la Hollande, et le plus fier des rois ne croit pouvoir assurer sa vengeance qu'en servant lui-même sous les ordres du plus grand de ses sujets. Déjà Wesel succombe; Rées, Emméreck, subissent la loi du vainqueur: un fleuve impétueux s'oppose en vain à ses projets; son génie le maîtrise, son audace le franchit, son courage dissipe ses défenseurs, et la rapidité des flots du Rhin ne peut arrêter celle de ses exploits. Tout couvert de son sang, ce héros combat encore, et ne s'occupe de sa vie qu'après avoir assuré sa victoire; sa blessure le force à quitter l'armée..... Mais la fortune de la France veillait sans doute sur des jours si précieux, et tant de fois prodigués pour elle.

Condé se trouve bientôt en état de rendre de nouveaux services; il vole au secours de l'Alsace et de la Lorraine, menacées d'une invasion; ses talents en préservent le royaume. Il fait plus, il conserve l'état par sa fermeté, sa patience, sa bienfaisance et son humanité, en secourant des milliers de défenseurs qui succombaient sous le poids des fatigues et des maladies, victimes trop ordinaires de l'avidité, de l'insouciance ou de la barbarie des hommes.

La campagne suivante nous offre un spectacle plus touchant encore; c'est le Grand-

Condé se livrant à cette sensibilité si rare et si précieuse dans les héros, c'est un Prince redoutable à qui l'honneur de vaincre paraît le seul droit de la guerre; c'est le plus humain des vainqueurs, versant des larmes sur tous les maux qu'une politique barbare et mal entendue fait éprouver à de nouveaux sujets. Ennemis de la France, il les combat, il les soumet; hommes et malheureux, il les soulage et les console. Peuples des Pays-Bas, levez-vous avec moi pour rendre hommage à l'humanité d'un héros à qui l'injuste postérité s'obstine à refuser une ame sensible! Vos malheurs ont assez attesté ses triomphes; que votre reconnaissance publie ses vertus. La sensibilité d'un héros peut-elle être éclipsée par sa gloire? Non. Le bonheur des hommes est un trophée plus flatteur et plus sûr que le malheur des nations.

Condé voulait former des sujets à son souverain, mais Louvois ne voulait que des esclaves. Louis XIV se montrait plus orgueilleux qu'humain....., et sa conquête s'évanouit. Le protecteur des peuples soumis n'en est pas moins la terreur des ennemis à vaincre. Condé sait rendre utile jusqu'à l'inaction même à laquelle il était condamné par le plan de Louis

XIV, ou plutôt de son ministre, et fait échouer les projets des alliés ; il sauve le maréchal de Bellefond, et se retrouve bientôt dans le sein de la victoire qui l'attendait à Senef.

Cette journée mémorable, qui fait autant d'honneur à la nation qu'à son chef, est le triomphe de l'audace et de la valeur. Dans trois combats sanglants, dont un seul eût suffi pour immortaliser un guerrier ordinaire, le Grand-Condé chargea quinze fois à la tête de ses braves soldats. Mais son intrépidité fut toujours dirigée par ses talents, et jamais le tumulte de la mêlée ne lui fit perdre un instant de ce coup-d'œil qui choisit les endroits, et saisit les moments où la valeur sait frapper avec succès.

Dans la foule des victoires de M. le Prince, le combat de Senef est celui que l'envie a choisi pour l'accuser au tribunal de la postérité, d'avoir fait verser trop de sang. Il faut le ménager, sans doute, c'est une vérité qu'on ne saurait trop répéter aux généraux pour encourager leur sagesse et modérer leur ardeur ; mais il est peut-être plus important encore de la rappeler aux souverains. Quand ces derniers ont allumé le flambeau de la guerre, ce sont eux qui doivent répondre de ses effets destructeurs; car dans les grands événements qui mêlent nécessairement les horreurs du carnage aux lauriers de la gloire, la nécessité de vaincre est le premier devoir du général chargé des intérêts d'un empire.

Pour rendre M. le Prince plus odieux ou plus coupable encore, on a voulu lui attribuer ce mot si connu touchant le nombre de soldats tués dans une bataille : *Bon, Sire, ce n'est qu'une nuit de Paris;* mot qu'on ne pourrait regarder que comme une plaisanterie déplacée; mais rien ne prouve que le Grand-Condé se la soit permise ou qu'elle lui soit échappée. Dans une ame honnête, il y a loin de la force à la dureté; d'ailleurs, ce que nous avons vu de ce héros, nous a toujours montré son cœur aussi loin de l'insensibilité que de la faiblesse. Le mot dont il s'agit a été attribué à plusieurs autres généraux, et notamment au maréchal de Villars; mais cette incertitude même paraît prouver que ce fait équivoque est une arme forgée par la calomnie, et dont elle n'a pas craint de se servir dans plus d'une occasion. Les victoires les plus disputées sont nécessairement celles qui coûtent le plus de sang, et l'envie cherche toujours à fixer l'attention sur les malheurs de la guerre pour la détourner de la gloire des succès.

Le mérite brillant d'une valeur éprouvée, d'un courage intrépide, et d'une audace éclairée, presque toujours couronné par la victoire, peut suffire à la réputation d'un héros, mais non pas à celle d'un grand capitaine. Condé fait échouer en Flandre tous les projets du prince d'Orange, dont l'armée était supérieure à la sienne; mais bientôt Louis XIV l'appelle en Alsace, où la mort d'un seul homme exposait le royaume aux incursions de ses ennemis. Eh! quel autre que Condé pouvait remplacer Turenne? Ce grand Prince, le seul guerrier peut-être à qui l'expérience pût conseiller la témérité, semble déposer la bouillante impétuosité de son génie, pour se revêtir de toute la sagesse de son prédécesseur. La prudence dirige ses talents, et l'ombre de Turenne s'étonne et s'applaudit d'ajouter, par ses exemples, à la gloire du Grand-Condé.

Brillant dès son aurore, plein de chaleur et d'éclat au milieu de sa carrière, Condé répand un jour doux et majestueux au crépuscule de sa vie. Il est d'autres lauriers que ceux de la victoire, moins brillants mais plus purs. Condé ne les dédaigna pas. Les lumières de son esprit, l'étendue de ses connaissances, la célébrité de son nom, rassemblent autour de lui tout ce que la France a de plus illustre. La naissance et la valeur, l'éloquence et la philosophie, les belles-lettres et les arts, s'empressent à l'envi d'embellir sa retraite; et ce grand homme, en voulant abdiquer la gloire, la retrouve encore sous ses pas, jusque dans le sein du repos.

L'objet de tant d'hommages en jouit avec reconnaissance, mais ne s'en laisse point éblouir. Du sein de sa grandeur, Condé porte ses regards sur cette classe d'hommes que leur obscurité paraît condamner à l'oubli, comme à la pauvreté. L'innocence opprimée, le mérite indigent, la timide infortune éprouvent, de toutes parts, les effets de sa sensibilité généreuse, et le vainqueur des nations devient le bienfaiteur des hommes.

Malgré tant de vertus, ce héros, en arrachant notre admiration, eût moins mérité notre estime, si l'empire qu'il s'était acquis sur les faiblesses de la nature en avait étouffé les sentiments dans son cœur; mais au milieu des grands événements qui tourmentèrent sa vie, nous le voyons toujours tendrement occupé de son amour pour sa famille ; il préside avec soin à l'éducation de son fils ; dans l'horreur du carnage et des dangers, il lui donne des leçons frappantes de cet art meurtrier et malheureusement nécessaire, dans lequel il était si supérieur. Il prodigue sa confiance à son frère, il se rend la victime de sa tendresse pour sa sœur ; partout ses parents et ses amis éprouvent la candeur de son ame et la bonté de son cœur.

Il n'était plus qu'un genre de gloire que Condé n'eût pas réuni sur sa tête ; la palme de la religion était la seule qui ne parût pas destinée à flotter sur ce front auguste, couronné depuis si long-temps par les vertus et la victoire. La mort édifiante et courageuse de la duchesse de Longueville frappe ce grand prince d'étonnement et d'admiration ; il balance, et l'incrédulité pâlit ; il se décide, et la religion triomphe. Sans doute il était de la majesté de l'Être-Suprême de faire du plus beau de ses ouvrages son plus fervent adorateur...... Mais était-ce donc à la tendresse paternelle à répandre un voile funèbre sur tant de vertus ! La petite-vérole exerce ses ravages à Fontainebleau ; la duchesse de Bourbon est prête à périr. Condé souffrant, faible et languissant lui-même, apprend à Chantilly le danger de sa petite-fille.... Dès ce moment il oublie ses douleurs ; son inquiétude paraît son seul mal ; il ne consulte ni ses forces ni son état ; il n'écoute ni ses serviteurs, ni ses amis, ni ses enfants ; il vole, il arrive où sa sensibilité l'appelle..... La mort change de victime : prête à frapper, elle s'arrête, étonnée de son pouvoir ; elle hésite à trancher le fil de ces jours précieux, marqués par la grandeur, consacrés par la gloire, et dont les restes sont encore des exemples de vertus. Mais la vertu même ne peut changer l'ordre des destinées. Le tombeau s'ouvre...... Condé succombe, et le génie le plus mâle s'honore d'y descendre en héros chrétien.

Donnons de justes larmes à sa cendre, et, cent ans encore après, honorons-nous de pleurer un héros que l'Europe entière jugea digne de ses regrets. Eh ! quel homme en effet eut jamais plus de droits à la vénération de l'univers ? Guerrier fameux, prince illustre, homme éclairé, père tendre, ami fidèle, Condé réunissait en lui toutes les grandes qualités et tous les sentiments honnêtes ; son caractère, unique dans les annales du monde, paraîtrait fabuleux avant d'avoir lu son Histoire. Plein de génie et d'agrément, de talents et de modestie, de grandeur et d'affabilité, Condé fut à-la-fois belliqueux et sensible, impétueux et réfléchi, profond et dissipé, rebelle et citoyen ; il aima les sciences et la guerre, l'agitation et le repos, les affaires et les plaisirs ; il inspirait en même temps l'attachement et la jalousie, l'estime et la haine, l'intérêt et l'effroi ; et, sous quelque point de vue que l'Histoire le présente, il en est toujours le plus bel ornement ; il éclaire tous les tableaux, enrichit tous les détails ; il intéresse, il séduit, il entraîne par l'éclat qu'il répand sur les temps, les lieux, les actions et les hommes. Français, princes, guerriers, chérissez avec moi la mémoire de ce héros ; rendez hommage à son génie ; imitez ses vertus, évitez ses erreurs ; et félicitons ensemble notre patrie d'avoir produit un être dont l'existence honora, dans tous les temps, le sang des rois, la liste des héros, et le siècle des grands hommes.

CORRESPONDANCE

INÉDITE

DU GRAND-CONDÉ

AVEC LOUIS XIV, LA REINE ANNE D'AUTRICHE, MÈRE DU ROI, GASTON, DUC D'ORLÉANS, HENRI DE BOURBON, MAZARIN, TURENNE, LOUVOIS, LETELLIER, etc., IMPRIMÉE SUR LES MANUSCRITS AUTOGRAPHES.

CORRESPONDANCE

INÉDITE

DU GRAND-CONDÉ.

LETTRE *du Maréchal de Turenne au Prince de Condé, alors Duc d'Enghien.*

Turkem, 19 juin 1644.

MONSEIGNEUR,

J'ai eu une très grande joie d'apprendre de vos nouvelles par M. d'Aumont, qui est arrivé hier au soir; et croyant cette voie sûre, je vous dirai que toute l'armée de Bavière étant ensemble auprès de Hoenvièle, qu'ils n'assiégent néanmoins pas, et pouvant en deux jours de marche venir assiéger Fribourg, ou bien les places de Lauffembourg et Rhinfelden, je ne peux pas m'éloigner d'ici; et je m'assure aussi, Monseigneur, que vous voyez bien que la grande armée étant bien éloignée et divertie ailleurs, il est impossible, à moins d'avoir quelque bonne fortune par quelque combat contre les ennemis, de pouvoir entreprendre rien de considérable, l'armée des ennemis étant beaucoup plus forte que je ne suis, sans compter Haselfeld qui n'est point encore occupé, et qui peut en quatre jours être joint avec eux. Suivant ce que M. d'Aumont m'a dit, il est de même de votre côté, jusqu'à ce qu'on vous ait renforcé de troupes.

S'il y arrive ici quelque chose de considération, je ne manquerai pas de vous en avertir, et vous supplierai très humblement de croire que personne du monde ne peut être avec plus de respect, de soumission et inclination que moi,

Monseigneur,

Votre très humble et très obéissant serviteur.

TURENNE.

Lettre du Duc d'Orléans, oncle de Louis XIV, au Prince de Condé.

Au camp devant Gravelines, le 24 juin 1644.

Mon Cousin,

J'ai été extrêmement aise d'apprendre de vos nouvelles, et je ne puis que vous témoigner le ressentiment que j'ai du soin que vous avez pris de m'informer si particulièrement de celles des ennemis ; et bien que j'aie toujours eu une entière confiance en l'affection que vous m'avez fait paraître, vous m'en avez encore donné de si certaines assurances en cette rencontre, qu'elles ont de beaucoup augmenté la véritable estime que j'en ai toujours faite ; et parce que je me remets au sieur de Barbantane de vous entretenir de toutes les particularités de ce siége, je vous dirai seulement que j'ai reçu des avis de toutes parts que les ennemis font leurs derniers efforts pour secourir cette place, et que notre armée est dans une très bonne disposition de s'opposer à leurs desseins. Je vous prie de tout mon cœur de croire que je n'aurai jamais rien de plus passionné que de vous témoigner, en toutes les occasions qui s'offriront, combien votre contentement m'est cher, et quelle part je prends à tout ce qui vous touche, puisque je suis autant qu'on le peut être,

Mon Cousin,

Votre très affectionné Cousin,
GASTON.

Lettre du Duc d'Orléans au Prince de Condé.

Au camp devant Gravelines, 12 juillet 1644.

Mon Cousin,

Vous m'avez fait un singulier plaisir de me mander de vos nouvelles, et que le sieur Ollarion vous a joint avec ses troupes du siége. Je ne sais pas ce que Bek se peut promettre de celles de mon frère; mais s'il lui en vient d'autres d'Allemagne, ou bien qu'avec ce qu'il a, il prenne sa marche pour venir joindre Picolomini, ce que je ne crois pas qu'il fasse, je vous prie de vous approcher aussi, comme vous me l'énoncez. Je remets au sieur Descasteliers de vous dire toutes les particularités de ce siége; et comme j'espère dans deux ou trois jours au plus être entièrement maître de la contrescarpe, il y a de ce matin un mineur attaché, et toutes choses se disposent à un favorable succès. Je viens de donner ordre à ce que l'on conduise en l'armée que vous commandez, 300 chevaux, des vivres de ceux qui sont à Amiens, afin que vous les ayez plus tôt (1). Soyez toujours assuré, je vous prie,

---

(1) En 1644, le duc d'Orléans, ayant les maréchaux de la Milleraye et de Gassion sous ses ordres, attaque Gravelines. Les Français, après avoir fait leur circonvallation, sont avertis que Melos est à Bergues avec une assez petite armée, mais qui doit être renforcée de celles d'Isembourg, de Bucquoi, de Beck, du duc de Lorraine et de Picolomini. La réputation de tant de grands capitaines donne de l'inquiétude à la plupart des officiers assiégeants : l'un d'eux dit que l'armée espagnole est une armée de capitaines. *Eh bien!* répond Gassion, *nos soldats battront ces capitaines.* Lorsque la place a capitulé, le régiment des gardes, conduit par la Milleraye, entre le premier dans ses murs, le premier régiment de l'armée étant le seul qui, suivant l'usage du temps, ait droit d'entrer dans une ville conquise, quand il est assez fort pour la garder. Gassion voulant y faire entrer le régiment de Navarre, la Milleraye s'y oppose ; la querelle s'échauffant, ils mettent tous deux l'épée à la main, l'un criant : *A moi, Navarre!* et l'autre : *A moi les Gardes!* Les deux maréchaux et les deux régiments sont sur le point d'en venir aux mains, lorsque le marquis de Lambert arrive : il fait ce qu'il peut pour les appaiser; mais, voyant qu'il n'y réussit pas, il dit d'un ton de maître, au régiment des Gardes et à celui de Navarre : « Messieurs, vous êtes » les troupes du roi ; il ne faut pas que la mésintelligence » des deux généraux vous fasse couper la gorge ; c'est pour- » quoi je vous commande, de la part du roi et de M. le

de mon affection véritable, et que je suis parfaitement,

Mon Cousin,

Votre très affectionné Cousin,
GASTON.

» duc d'Orléans, de retirer vos armes, et de ne plus obéir » ni à M. de la Milleraye, ni à M. de Gassion. » Les troupes obéissent; et les deux maréchaux, voyant qu'ils ne sont plus les maîtres, se retirent. Cette action, également sage et hardie, augmente considérablement la réputation de Lambert.

LETTRE *du Cardinal Mazarin au Prince de Condé.*

Paris, le 27 juillet 1644.

MONSIEUR,

Pour bien représenter à la Reine (1) la passion que vous avez de lui plaire, je n'ai eu qu'à lui lire la lettre que vous m'avez fait l'honneur de m'écrire du 23e. de ce mois. Je vous puis assurer, Monsieur, que S. M., qui a toujours eu un grand sentiment d'estime et d'affection pour vous, a été extraordinairement satisfaite de la promptitude que vous avez apportée à entreprendre le voyage dont M. de Tourville vous a apporté le sujet. J'espère qu'il ne se fera point sans qu'il vous produise beaucoup de gloire, soit que vous ayez lieu de combattre les ennemis s'ils vous attendent, soit qu'ils lèvent le siége avant que vous soyez à eux, ce qu'ils ne pourront faire qu'avec honte et qu'avec perte. J'avoue que cette manière d'agir soudaine et vite, est bien d'un homme né aux grandes choses, et on l'a toujours remarquée en la conduite de ceux qui se sont le

---

(1) Anne d'Autriche, mère de Louis XIV.

plus signalés dans le métier. Vous pouvez donc juger, Monsieur, quelle joie en doit recevoir une personne qui s'intéresse comme je fais en tout ce qui vous concerne. Je ne vous écris rien de M. de Lorraine, puisque le sieur Duplessis-Besançon a ordre de vous tenir averti de tout. En tout cas, pourvu qu'il demeure dans la neutralité, comme il l'a fait donner à entendre audit sieur Duplessis, et qu'il n'agisse pas contre nous jusqu'à votre retour, j'espère, quoi qu'il fasse après cela, qu'il ne rompra point nos desseins. Les assiégés de Gravelines, quoique sans espérance de secours, font une résistance qui n'est pas ordinaire, et ont soutenu deux assauts avec grand cœur et avec quelque perte de part et d'autre. Un peu de jours les mettront à la raison. Ne vous mettez pas en peine pour les troupes qui doivent joindre votre armée, et fiez-vous-en aux soins de celui qui est, autant qu'on le puisse être,

MONSIEUR,

Votre très humble serviteur,

Le Cardinal MAZARIN.

Je vous rends grâces, Monsieur, des faveurs

que mon régiment reçoit tous les jours de vous. Je vous supplie de tenir secrète l'affaire que vous savez, et la prétexter de quelque autre dessein. Si les avis que nous recevons de ce côté-là se trouvent véritables, il y aura de la gloire à acquérir pour vous.

LETTRE *du Prince de Condé à Henri de Bourbon son père.*

Au camp devant Fribourg, 8 août 1644.

Monsieur,

Vous verrez par la relation que je vous envoie, et vous saurez plus particulièrement par Tourville, ce qui s'est passé dans les deux combats que j'ai donnés près Fribourg, à l'armée de Bavière. L'armée des ennemis a couru risque d'être entièrement défaite, mais du moins elle a été extrêmement ruinée (1). Pour moi, j'ai perdu beaucoup d'officiers. La Boulaie, La Place, le chevalier de Rode, ont très bien fait. La Place a été blessé, le cheval de La Boulaie tué; Chamilly a fait des miracles; nous avons perdu un nombre très grand d'offi-

---

(1) *La bataille de Fribourg, 3 août* 1644. — Le prince de Condé traverse le Rhin, poursuit les Allemands jusqu'à Fribourg, les trouve retranchés sur deux éminences escarpées et bordées d'artillerie. Le comte de Merci, général des Allemands, avait pour lui la supériorité du nombre. Sous les ordres de Condé étaient deux maréchaux de France, le comte de Grammont et le vicomte de Turenne. Le prince de Condé attaqua les lignes de Fribourg. Pendant trois jours les succès furent incertains. Le quatrième jour, ses troupes

ciers: M. de Tourville a fait aussi des miracles; il vous entretiendra particulièrement de tout ce qui s'est passé et de tout ce que nous allons faire. J'ai perdu quantité de chevaux, et quasi tous mes gens ont été blessés. Je vous demande, Monsieur, la continuation de l'honneur de vos bonnes grâces, et vous supplie de croire que je suis plus passionnément qu'homme du monde,

Monsieur,

Votre très humble et très obéissant fils et serviteur,

Louis DE BOURBON.

---

rebutées s'avancent faiblement contre des postes si redoutables; le duc d'Enghien jette son bâton de commandement dans les retranchements ennemis, et marche pour le reprendre l'épée à la main à la tête du régiment de Conti. Il fallait peut-être une action aussi singulière pour remporter la victoire. Cette victoire fut la seconde du prince de Condé. Le général Merci décampa quatre jours après; la reddition de Mayence et celle de Philisbourg furent la preuve et les témoins de ces succès.

Lettre d'Henri de Bourbon au Prince de Condé, son fils.

Paris, le 17 août 1644.

Mon Fils,

Combien j'ai de joie de vos victoires (1); je crois que vous n'en doutez pas. L'arrivée de M. de Tourville me donna un grand contentement dans les alarmes où j'étais, de peur qu'il ne mésarrivât à votre personne. En l'honneur de Dieu, dorénavant conservez-vous mieux. La mort de tous nos pauvres capitaines me désespère. Pour votre retour, je l'espère prompt et glorieux.

Je suis, mon Fils,

Votre bon Père,

Henri de BOURBON.

---

(1) La bataille de Fribourg.

Lettre *du Cardinal Mazarin au Prince de Condé.*

Paris, le 17 août 1644.

Si la joie que j'ai reçue de la victoire que vous venez d'obtenir (1) n'était tempérée par la frayeur qui me demeure du péril que vous avez couru, j'avoue qu'elle serait excessive. Je ne laisse pas néanmoins d'en être extrêmement touché, au milieu de cette appréhension même, et je m'assure qu'ayant témoigné une partie de ce que j'en sentais à ceux qui vous appartiennent, et particulièrement à madame votre sœur (2), elle aura pu facilement remarquer que dans mon cœur, aussi bien que dans mes paroles, ma joie n'était pas inférieure à la sienne. Je pense que c'est tout dire, mais c'est dire aussi la vérité.

Ensuite de cela, trouvez bon que je vous représente qu'il est vrai que vous êtes né pour ne porter pas envie à la gloire des plus grands princes et des plus grands capitaines qui aient jamais été dans le monde; que vous avez fait,

---

(1) La bataille de Fribourg.
(2) Mme. la duchesse de Longueville.

avant l'âge de vingt-trois ans, ce que plusieurs autres, qui sont fameux dans l'histoire, n'ont pas fait durant leur vie ; et, s'il m'est permis avec bienséance de mêler en ceci mon intérêt, que je ne saurais vous rien proposer de si difficile pour le bien de l'État, dont vous ne veniez à bout, ni former de dessein, quand il trouverait même de la résistance et de la contradiction dans l'esprit de tous les autres, que je n'aie espérance, si vous l'entreprenez, que rien ne saurait vous empêcher de le faire réussir.

Mais trouvez bon, s'il vous plaît encore, que je vous conjure, au nom de Dieu, de ne faire pas si bon marché d'une vie si précieuse que la vôtre, et de considérer que c'est comme un miracle que vous soyez retourné d'un lieu où presque tous ceux qui vous y ont accompagné, ont été tués ou blessés. Je vous proteste que quand j'y songe, j'ai peine à me rassurer et à ne m'alarmer point encore d'un danger qui n'est plus que dans ma mémoire.

Je suis ravi de ce que vous m'écrivez de M. le maréchal de Guiche, bien que je n'en sois pas surpris, et le connaissant comme je fais, et sachant qu'il a toutes les bonnes qualités pour servir dignement, et pour gagner le cœur de tous ceux avec qui il sera ; je ne trouve point étrange qu'il ait gagné le vôtre, et qu'il vous ait si glorieusement secondé en cette dernière occasion. Vous pouvez croire que j'ai su profiter de ce que vous m'en écrivez, et je n'ai pas manqué de faire valoir ce qu'il a fait auprès de la reine et partout ailleurs où je me suis rencontré.

J'ai reçu encore une particulière satisfaction de celle que vous avez de M. de Castelnau et des autres officiers de mon régiment, lequel, quoique levé de nouveau, a mérité que vous lui fissiez l'honneur de le mettre du nombre de ceux à la tête desquels vous avez voulu combattre.

Je crois que ledit sieur de Castelnau sera bien aise de continuer à servir avec mondit régiment, dans l'assurance qu'il doit avoir que dans la bonne opinion que vous avez de lui, et l'inclination que j'ai pour sa personne, je lui procurerai des avantages dont il aura sujet d'être content.

Enfin, j'ai lu à la reine la lettre que vous m'avez fait l'honneur de m'écrire, afin qu'elle sût en particulier les noms de ceux qui ont fait les merveilles que vous m'écrivez. Je crois qu'on peut dire sans exagération que les anciens n'ont jamais rien fait de si courageux et de si hardi qui surpasse ce que les Français font maintenant.

Je ne vous dirai rien de M. le maréchal de Turenne dont nous avons plusieurs fois parlé ; personne ne peut savoir mieux que vous à quel point je l'estime et l'aime, et s'il peut rien faire qui surpasse l'opinion que j'ai de lui. Mais je ne vous dissimulerai point que j'ai une joie indicible de voir la satisfaction qu'il a de votre personne, avec tous ceux qui servent sous vous : les louanges qu'ils vous donnent, et particulièrement les termes avec lesquels celui-ci m'en écrit, qui ne sauraient être plus relevés ni plus forts, voyant aussi la satisfaction que vous avez d'eux, j'ose dire qu'avec cette union et cette correspondance d'estime et d'amour, il n'y a rien au monde qui ne se puisse entreprendre avec assurance de bon succès.

Je dépêche exprès ce gentilhomme pour me réjouir avec vous de vos victoires, et pour vous porter nos pensées sur les propositions que vous a faites M. de Tourville, qui a desiré que, sans perdre de temps, on vous le fît savoir. L'ayant fait attendre encore deux jours pour donner temps d'arriver au dernier courrier que vous dépêcherez, je remets à répondre par son retour à tous les points de votre lettre que j'omets ici, pour vous dire cependant qu'il est impossible d'être plus que je suis,

Monsieur,

Votre très humble serviteur,

Le Cardinal MAZARIN.

J'avais écrit quelques nouvelles à M. le maréchal de Turenne avant que j'eusse fait la lettre que je vous écris. Je crois que vous ne trouverez pas mauvais qu'il vous les communique, pour m'épargner la peine de les écrire deux fois.

Nous ferons tout ce qui nous sera possible, afin que vous ne manquiez point de l'argent qui vous sera nécessaire, et dont M. de Tourville vous portera le détail.

Lettre *du Duc d'Orléans au Prince de Condé.*

Amiens, le 29 août 1644.

Mon Cousin,

J'ai bien cru que vous prendriez une bonne part à la prise de Gravelines et au bonheur que j'ai eu en exécution de ce dessein. Je vous assurerai aussi que j'ai appris le favorable succès de votre armée (1), et les avantages qu'elle a remportés sur celle des ennemis, avec d'autant plus de joie, que l'estime et l'affection que j'ai pour vous m'obligent de m'intéresser à votre gloire et à tout ce qui peut contribuer à votre contentement. Je vous conjure de croire de tout mon cœur, que je le chéris autant que le mien propre, et que je n'en aurai jamais de plus parfait que lorsqu'il s'offrira quelque occasion de vous faire connaître cette vérité, et que je suis autant qu'on le peut être,

Mon Cousin,

Votre très affectionné Cousin,

GASTON.

---

(1) La bataille de Fribourg.

LETTRE *de Henri de Bourbon au Prince de Condé son fils.*

Paris, le 4 septembre 1644.

Mon Fils,

J'ai reçu vos lettres par le sieur de Gatelier; vous verrez, par les dépêches de M. le cardinal Mazarin, que l'on fera pour votre entreprise (1) tout ce que l'on pourra pour vous assister. Si votre dessein réussit, comme j'en supplie notre Seigneur, je vous confesserai plus sage que moi, ou pour mieux dire plus heureux: Dieu vous en fasse la grâce. Après, que vos desseins se réduisent deçà le Rhin; car autrement, moi et tous vos proches seront en perpétuelles alarmes de vous, car tout vous tombera sur les bras. Au surplus envoyez-moi, ou à M. le cardinal Mazarin, le nom de celui que vous voulez mettre à Stenay, car vos expéditions sont scellées et bien faites, en façon que tout dépend de vous seul, et quiconque y sera en pourra être ôté quand il vous plaira.

Je suis, mon Fils,

Votre bon Père,

Henri de BOURBON.

---

(1) Le siége de Philisbourg.

Lettre *du Cardinal Mazarin au Prince de Condé.*

Paris, le 4 septembre 1644.

Monsieur,

Il m'est impossible de vous exprimer la joie dont j'ai été touché, recevant la nouvelle du siége de Philisbourg, et de l'heureux commencement que vous lui avez donné par la prise du fort qui est entre cette place et le Rhin, sans parler de toutes les petites places dont vous vous êtes emparé aux environs, et qui ne seront pas peu utiles aux progrès de votre entreprise.

Je ne feindrai point de vous dire que ma joie est d'autant plus grande, que mes sentiments se sont rencontrés, en ce point comme en plusieurs autres, conformes aux vôtres; et je me persuade qu'une des raisons de cette conformité est que, brûlant tous deux du desir de la belle gloire, nous cherchons l'un et l'autre les occasions qui en peuvent produire d'avantage, qui sont sans doute les plus difficiles. Mais il y a cette différence entre vous et moi, que je desire ou projette à mon aise ce que vous exécutez avec de la peine et au péril de la vie, qui est, à vous dire vrai, le seul obstacle qui m'empêche quelquefois de vous proposer des choses hautes, à cause des dangers où vous vous exposez pour les faire réussir.

Je suis bien aise que l'avis que je vous ai donné de la faiblesse de la garnison, se soit trouvé véritable; le sieur Descastellier m'ayant dit qu'elle était à-peu-près du nombre que je vous ai mandé.

Le Cardinal MAZARIN.

Mon fils vos Prosperites me donnent la joie que pouues imaginer mais je ne Cauray parfaire que je ne vous sache filisbourg Pris et pourueu dune bonne garnison et vostre personne et armee deca le Rhain Car si vous de meures dela je ne doute point que vous et vostre armee ne vous perdies asseurement je vous prie donc en Cela de Croire Conseil si vous estes Capable den escouter au reste je ne puis pas du tout Comprendre pourquoy vous ne me mandes ou a mr le Cardinal Masarin qui vous voules mettre a Stenay et pour quoy vous ne le mandes en poste afin que je vous envoie vos expeditions qui

sont sellees la Reine a este Contrain
te de renvoier mr de Thibaut a henay bref cest
chose qui passe mon sens que vous ne voulies
pas mander ji veus mettre vn tel en vous
moy mes lettres et les ordres pour entrer
en la Place ce que lon vous donnera
au mesme instant et vous receures la Place
et souuenes vous qu'Affaire faite nen plus
a faire. jay vn sensible regret de la mort
du marquis de la Boulaie je croy que vous vous
souuiendres dfe la Rabatcliere et que comma
rin montera pour le Guidon vous le donne
res a qui il vous plaira quelque jeune gen
tilhomme de Champagne y seroit bon le tout
despart de vous conserues les gentishommes
attant que pourres et ne les hasardes pas
a toustes choses Sans grand sujet je suis
mon fils
De Paris ce 11 Sep   Vre bon pere
tembre 1644   henrydebourbon

Lettre *d'Henri de Bourbon au Prince de Condé son fils.*

Paris, le 11 septembre 1644.

Mon Fils,

Vos prospérités me donnent la joie que vous pouvez imaginer, mais je ne l'aurai parfaite que je ne vous sache Philisbourg pris et pourvu d'une bonne garnison, et votre personne et armée deçà le Rhin; car si vous demeurez de là, je ne doute point que vous et votre armée ne vous perdiez assurément. Je vous prie donc en cela de croire conseil, si vous êtes capable d'en écouter : au reste, je ne puis pas du tout comprendre pourquoi vous ne me mandez ou à M. le cardinal Mazarin, qui vous voulez mettre à Stenay, et pourquoi vous ne le mandez en poste, afin que je vous envoie vos expéditions qui sont scellées. La Reine a été contrainte de renvoyer M. de Thibault à Stenay. Bref, c'est chose qui passe mon sens que vous ne vouliez pas mander : *j'y veux mettre un tel*, envoyez-moi mes lettres et les ordres pour entrer en la place : ce que l'on vous donnera au même instant, et vous recevrez la place ; et souvenez-vous qu'affaire faite n'est plus à faire. J'ai un sensible regret de la mort du marquis de La Boulaie; je crois que vous vous souviendrez de la Rabatelière, et que Commarin montera. Pour le guidon, vous le donnerez à qui il vous plaira; quelque jeune gentilhomme de Champagne y serait bon : le tout dépend de vous; conservez les gentilshommes autant que pourrez, et ne les hasardez pas à toutes choses sans grand sujet.

Je suis,

Mon Fils,

Votre bon Père,

Henri de BOURBON.

Monsieur

Les lettres que ie ressois touts les iours de vous
me marquent bien lamitié que vous avies pour
moy par lasseur que vous me tesmoignés que
ie ne reussissiges en mes entreprises mais diray
ie i'ay tout subiect de s'en contant et vous aussy
car touttes choses nous reusses trez bien au
iourd'huy trois de nos regimants de cauallerie
ont taillie neiieus deffaits de vos h bers ont
pris un coronel un maior six cappitaines plus de
trois cent prisoniers et quattre cent chevaux
nos de fuss en — à prisé dessey wommes si bien que
touttes choses sont en bon estat ie nattens plus
que les ordres de la court pour mon retour ne
ie vous supplie de me les enuoir et de me croire
Monsieur vostre trez humble et trez obt
à Ruhlesbourg serviteur
le 14 septembre 1648 Louis de Bourbon

Lettre du *Prince de Condé à Henri de Bourbon son père.*

Philisbourg, 14 septembre 1644.

Monsieur,

Les lettres que je reçois tous les jours de vous, me marquent bien l'amitié que vous avez pour moi, par la peur que vous me témoignez que je ne réussisse pas en mes entreprises. Mais, Dieu merci, j'ai tout eu lieu d'être content, et vous aussi ; car toutes choses nous réussissent (1). Encore aujourd'hui, trois de mes régiments de cavalerie en ont taillé en pièces autant des ennemis, leur ont pris un colonel, un major, six capitaines, plus de trois cents prisonniers, et quatre cents chevaux. M. de Turenne a pris aussi Worms, si bien que toutes choses sont en bon état. Je n'attends plus que les ordres de la cour pour m'en retourner ; je vous supplie de me les envoyer, et de me croire,

Monsieur,

Votre très humble et très obéissant fils et serviteur,

Louis de BOURBON.

---

(1) La prise de Philisbourg.

Lettre *du Cardinal Mazarin au Prince de Condé, alors Duc d'Enghien.*

Fontainebleau, 22 septembre 1644.

Monsieur,

Je serai bien aise que nous fassions à l'avenir trêve de compliments, et que vous me fassiez l'honneur de croire que toutes les occasions que je trouve de vous servir, sont autant de sujets de satisfaction que je rencontre, et que vous m'imposez autant d'obligations que vous me donnez de moyens de vous témoigner la véritable et fidèle passion que j'ai pour votre personne.

J'en demeure donc là pour ne tomber pas dans l'inconvénient que je desire éviter, et pour vous dire que vous pouvez juger par cette même passion de la joie que j'ai reçue à la nouvelle de la conquête de Philisbourg, qui est si glorieuse aux armes du Roi, et qui mettra plus long-temps à être crue aux pays éloignés quand elle y sera arrivée, que vous n'y en avez mis à la faire.

Je ne trouve point étrange que toutes les troupes y aient servi au-delà de ce qu'on devait attendre d'elles, puisque vous leur en avez donné l'exemple, et la seule chose en laquelle je pouvais être surpris, pour ce qui regarde MM. les maréchaux de Grammont et de Turenne, eût été s'ils eussent moins fait que ce que vous me mandez.

Quant au peu d'argent qui a été employé à faire les travaux du siége, j'avoue que c'est une chose assez extraordinaire; mais il faut aussi confesser que comme ce soulagement de finances nous est fort utile, qu'il vous est aussi fort avantageux, puisque c'est une marque de l'affection que les gens de guerre ont pour vous, et qu'ils négligent leurs intérêts quand il est question de vous plaire.

Je suis bien de votre sentiment; après que vous aurez achevé ce qui reste à faire pour établir M. le maréchal de Turenne, vous devez absolument revenir et tenir la parole que vous avez donnée aux troupes de les ramener en France avant la fin de la campagne.

Il y en aura néanmoins que vous serez obligé de laisser là, dont vous trouverez le particulier dans les dépêches de M. Letellier, auxquelles je me remets pour vous dire que quand je vous parle de retourner en France, je n'entends pas vous convier par-là de vous venir reposer, si vous avez encore volonté d'agir, comme vous trouverez de la matière pour cela et des forces toutes fraîches que M. de Magaloty commande, et qui ne monteront point à guère moins de six mille hommes, avec un fort bel équipage d'artillerie. Mais en cela vous ferez ce que bon vous semblera, et le repos et l'action sont en vos mains, pour choisir à votre gré. J'estime pourtant que vous ménagerez pour l'action ce qui restera de beau temps, et que vous n'en voudrez pas perdre un moment de celui que vous pourrez tourner à l'avantage des affaires du Roi et au progrès de votre gloire.

. . . .

Le Cardinal MAZARIN.

Lettre du Cardinal Mazarin au Prince de Condé.

Fontainebleau, 16 octobre 1644.

Monsieur,

Il ne pouvait rien m'arriver de plus agréable que la nouvelle que j'ai reçue par la vôtre du 11 de ce mois, de votre acheminement à la cour. Vous pouvez croire que ce n'a pas été un petit soulagement à l'impatience que j'ai de vous voir, et de vous dire de vive-voix toutes les joies que j'ai eues pour tant d'heureux succès dont Dieu a béni, cette campagne, les armées que vous avez commandées. Après avoir laissé les choses du Rhin au meilleur état où elles pouvaient maintenant être, je ne doute point qu'en quittant la frontière, vous n'y laissiez aussi de si bons ordres, que non seulement il n'y aura rien à craindre, mais que M. Magaloty pourra encore, avec les troupes qu'ils commandent, profiter des occasions favorables qui se pourront présenter. Bien que je m'attire une querelle sur les bras avec M. le Prince, en vous envoyant un duplicata des provisions du gouvernement de Stenay, qu'il a retirées, il y a déjà un mois, à mon insu, sans savoir pourquoi, je n'ai pas laissé de le faire, et le desir que j'ai de vous plaire m'a fait passer pardessus cette considération. Quant à la résolution que vous devez prendre ici, et dont vous me voulez donner part, touchant la personne que vous destinez au commandement de cette place, je n'ai à vous dire sinon que n'ayant rien à contribuer en cela non plus qu'au reste de votre conduite, que mon approbation, je reçois ce témoignage de votre amitié avec tout le ressentiment qu'il mérite. Vous aurez su, Monsieur, ma maladie et le commencement de ma guérison, qui est maintenant tellement avancée, qu'il ne me reste presque plus que de la faiblesse. J'espère de recouvrer dans peu de temps l'entière santé avec les forces; elle me sera bien plus chère si elle me donne moyen de vous pouvoir rendre des preuves de la très inviolable passion avec laquelle je suis,

MONSIEUR,

Votre très humble serviteur,

Le Cardinal MAZARIN.

Lettre *du Cardinal Mazarin au Prince de Condé.*

Fontainebleau, 19 octobre 1644.

Monsieur,

Tous les avis qui me viennent de l'avancement de votre retour, sont autant de redoublements de joie qui m'arrivent, attendant que je la reçoive entière par votre présence. Je ne doute point que me faisant l'honneur de m'aimer au point que vous faites, vous n'ayez été beaucoup touché de ma maladie, et puisque vous voulez que je mesure votre douleur par celle que j'aurais eue si vous eussiez été en pareil état, je puis dire sans mentir qu'elle doit avoir été extrême. Me voilà, grâces à Dieu, tout-à-fait hors de mal, et sur le recouvrement de mes forces qui reviendront dans peu de jours, et je me réjouis que vous me trouverez en état de vous tenir meilleure compagnie que je n'eusse fait, il y a quelque temps, et de vous dire d'une voix plus forte, quoique non pas avec des termes plus véritables, que de tous les hommes du monde je suis celui qui vous honore et aime plus parfaitement.

Comme j'écrivais celle-ci, j'ai appris que vous deviez arriver demain. M. de Magaloty m'a proposé d'assiéger Longwy. Je ne doute point, si vous l'avez jugé à propos, que vous ne lui ayez donné les ordres convenables pour cela. Croyez, s'il vous plaît, que je suis très inviolablement,

Monsieur,

Votre très humble serviteur,

Le Cardinal MAZARIN.

Lettre *de la Reine Anne d'Autriche au Prince Henri de Bourbon-Condé.*

Amiens, 3 juin 1646.

Mon Cousin,

J'ai toujours reçu tant de preuves de votre amitié que j'ai bien cru qu'en ce rencontre si fâcheux de la perte que j'ai faite d'une personne qui m'était si chère, vous m'en donneriez encore de nouvelles marques, et que vous participeriez beaucoup à mon déplaisir ; on ne peut pas autrement que d'en avoir des ressentiments très sensibles, étant ce que nous étions. Avant l'arrivée de votre gentilhomme, je vous assure que j'étais sur le point de vous envoyer exprès pour vous remercier de vos soins auprès de mon Fils, qui sont très grands, et de la même affection que vous avez par-delà au service du Roi Monsieur mon Fils, et pour le bien de son état. Je vous prie de vouloir continuer, et croire qu'en toute rencontre je ne manquerai jamais à vous faire recevoir tous les effets de la véritable amitié qu'aura toujours pour vous,

Votre bien bonne Cousine,

ANNE.

Lettre *de la Reine Anne d'Autriche au Prince de Condé.*

Amiens, 4 juin 1646.

Mon Cousin,

Je suis tellement assurée de la véritable affection que vous avez pour tout ce qui me touche, que j'ai bien cru, par tant de témoignages que vous m'en avez donnés en toutes occasions, que celle de la perte de ma sœur vous aurait touché autant que personne du monde; aussi devez-vous faire état de mon amitié, et qu'il n'y aura point de rencontre où vous n'en receviez les effets. Je ne doute nullement de votre passion à faire ce que l'on desire de vous, qui avez assez fait paraître par tant de généreuses actions votre gloire à la grandeur de cet état. Continuez toujours, et me croyez pour jamais,

Votre bien bonne et affectionnée Cousine,

ANNE.

Lettre *du Cardinal Mazarin au Prince de Condé.*

Paris, 5 juillet 1646.

Monsieur,

Vous êtes, je m'assure, assez persuadé de la véritable passion avec laquelle je vous honore, pour croire qu'en me réjouissant de la prise de Courtrai (1), la part que vous avez à cette action n'aura pas été le moindre motif de ma joie, et qu'entre les considérations qui la peuvent avoir causée, celle de votre propre gloire ne m'aura pas le moins touché ; il n'y a

---

(1) *Juin* 1646. — Les ducs d'Orléans et d'Enghien (princes de Condé) se présentèrent devant Courtrai. Cette ville n'avait qu'un endroit bien fortifié; on attaqua précisément de ce côté : cette faute fit durer le siége quinze jours. A peine les Français eurent-ils formé leurs lignes, que le duc de Lorraine et le général Caracène se montrèrent à la tête de leur armée. Chaque jour ils renouvelaient de si vives attaques sur les retranchements français, qu'ils effrayèrent tellement l'abbé de la Rivière, favori de Monsieur, qu'il proposa de lever le siége. Le maréchal de Gassion s'opposa à une telle honte, mais ne put empêcher ce favori de faire accorder une capitulation très favorable au gouverneur de Courtrai : on garda peu cette ville ; l'archiduc Léopold la reprit en 1648.

que la nouvelle de la mort de M. le duc de Brézé qui m'ait empêché de la bien goûter, et comme la vôtre en a été sensiblement interrompue ; aussi j'avoue que la mienne n'a pas fait en moi tout l'effet qu'elle eût eu sans cet accident. J'aurai l'honneur de vous répondre plus particulièrement par M. de Tourville, qui fait état de partir demain. Cependant, comme je ne doute point que vous n'ayez communication de deux mémoires assez étendus que j'ai faits et adressés par M. l'abbé de la Rivière, par la même occasion que cette lettre vous est portée, je n'entrerai point ici en aucune particularité, et me contenterai de vous supplier seulement de me faire la faveur de croire que je suis toujours autant qu'il se peut,

Monsieur,

Votre très humble serviteur,

Le Cardinal MAZARIN.

Lettre *de la Reine Anne d'Autriche au Prince de Condé.*

Fontainebleau, 26 août 1646.

Mon Cousin,

En vous témoignant la satisfaction que j'ai des services que vous rendez au Roi, et des avantages que vous acquérez tous les jours par vos actions (1), il faut que je vous parle du peu de soin que vous avez de vous conserver. Je vous prie, pour l'amour de moi, de faire le contraire, et de croire que c'est la chose du monde en quoi vous me pouvez mieux faire paraître que vous desirez me plaire, je vous en conjure, et de vous assurer que je veux faire toujours paraître ma bonne volonté. Je vous recommande fort d'avoir soin de conserver toutes les personnes qui sont par-delà; car je vous avoue que je ressens fort la perte que nous avons faite de tant d'honnêtes gens, et cela me touche sensiblement. Je finis en vous assurant que je suis,

Votre bien bonne et affectionnée Cousine,

ANNE.

---

(1) La prise de Furnes.

Lettre du Duc d'Orléans au Prince de Condé.

Fontainebleau, 12 septembre 1646.

Mon Cousin,

Je ne saurais vous exprimer la joie que j'ai eue de la facilité que vous avez trouvée à la prise de Furnes, non seulement comme d'un avantage très grand aux armes de Leurs Majestés, mais aussi pour l'intérêt que je prends à votre gloire particulière, que la parfaite estime que j'ai pour vous me rendra toujours extrêmement chère. Quant à ce qui est du siége de Dunkerque, dont vous m'écrivez, vous verrez, par le mémoire que mon cousin le cardinal Mazarin vous envoie, comme la reine a eu agréable de tenir conseil sur ce sujet, et quels sont les sentimens de S. M.; à quoi me remettant, je vous prie de croire qu'une des choses du monde que je desire le plus, est de vous pouvoir témoigner la véritable affection avec laquelle je suis,

Mon Cousin,

Votre très affectionné Cousin,

GASTON.

Mon Cousin. Je ne scaurois vous exprimer la joye que j'ay euë de la facilité que vous avez trouvée a la prise de furnes non seulement comme un advantage tres grand aux armes de leurs majestez, mais aussy pour l'intherest que je prends a vre gloire par ne plus la parfaite estime que j'ay pour vous me rendra touiours extremement cher, quant a ce qui est du siege de Dunkerque dont ainsy me'escripvez vous avez par le memoire que mon Cousin le cardinal Mazarin vous envoye comme la Royne a eu agreable de tenir conseil sur ce subject et que le sont les sentimens des a q quoy me semblant je vous prie de m'escrire qu'une des choses au monde que je desire le plus est de vous pouvoir tesmoigner la veritable affection avec laquelle je suis

Mon Cousin   Votre tres affectionné Cousin

fontainebleau ce 1er Septembre 1646

Lettre *du Prince Henri de Bourbon au Prince de Condé son fils.*

Dijon, 17 octobre 1646.

Mon Fils,

Je remercie Dieu de votre gloire et bonheur (1), je vous envoie ce porteur pour m'en réjouir. Remettez-vous en la grâce de Dieu, et connaissez combien vous lui êtes obligé; et si vous voulez durer et être continué en vos prospérités, humiliez-vous devant lui, lui donnant tout l'honneur de vos actions. Il faut revenir et ne plus tenter cette année de nou-

---

(1) *La prise de Dunkerque, le 10 octobre 1646.* — Le duc d'Enghien, prince de Condé, conçut le dessein de s'emparer de la ville de Dunkerque; elle appartenait aux Espagnols. Voulant abréger le siège de cette place, le prince de Condé fait demander une conférence au gouverneur, qui envoie Jacinthe de Vèere au camp français. Le Prince le félicite de la belle défense de la ville; il lui prouve l'impossibilité de recevoir aucuns secours : malgré cela, ajoute le Prince, je vous laisserai sortir de Dunkerque avec honneur, si vous vous rendez; mais, si vous continuez de vous défendre, vous me contraindrez d'user de toutes les rigueurs de la guerre, et de vous destiner à une affreuse prison. De Vèere, de retour dans la place, en fait résoudre la reddition.

velles entreprises. Mandez-moi quand vous reviendrez et où vous voulez que j'aille vous trouver; à Troyes, Sens ou Valery, me semblent à propos : tout à votre choix. Je serai où vous me manderez à jour et heure certaine. J'ai reçu votre lettre du 8 octobre, et su depuis votre entrée à Dunkerque. Voici le temps venu d'achever avantageusement vos affaires ; je n'y épargnerai rien, vous méritez pardessus ce qui se peut dire. Dieu veuille qu'on le reconnaisse ; vous traitant comme la raison le veut. Je serai à jamais,

Mon Fils,

Votre bon Père et ami,
Henri de BOURBON.

Je pars d'ici dès aujourd'hui, et m'approche de vous attendant de vos nouvelles.

Lettre *du Duc d'Orléans au Prince de Condé.*

Amiens, 16 juin 1647.

Mon Cousin,

J'ai appris avec beaucoup de joie le bon état du siége de Lérida, tant pour l'avantage que le service de Leurs Majestés recevra de la prise de cette place, que pour la part que je prends à tout ce qui vous touche. Comme je remets au sieur Letellier de vous informer de ce qui passe par deçà, je vous prierai seulement de croire que vos intérêts me seront toujours très chers, et qu'il ne se présentera point d'occasion de vous donner des preuves certaines de cette vérité, que je ne vous fasse connaître que je suis de tout mon cœur,

Mon Cousin,

Votre très affectionné Cousin,

GASTON.

Lettre *de la Reine au Prince de Condé.*

Dieppe, le 3 août 1647.

Mon Cousin,

Vous avez signalé par de si belles preuves le zèle que vous avez pour le service du roi Monsieur mon fils, et je suis tellement persuadée de l'affection que vous avez pour moi, que, quand quelque entreprise ne réussira pas entre vos mains, je croirai toujours fort facilement qu'il a été impossible de faire mieux. Ainsi, quelques remercîments que contienne votre lettre, de la façon dont j'ai pris le succès de Lérida (1), comme d'une grâce que je

---

(1) Le 8 mai 1647, le prince de Condé quitta Barcelone, et en six jours de marche arriva devant Lérida dans le dessein d'en former le siége. Un mur épais, divers bastions, quelques ouvrages à cornes, un fossé large et profond, un beau château qui lui sert de citadelle, la rendent moins redoutable que sa position sur un roc si vif et si dur, qu'il est presqu'impossible de le percer. Philippe IV en avait confié la défense à dom Georgio Britt, Portugais, l'un des hommes de l'Europe qui avait le plus de valeur, d'expérience, de réputation, de générosité et de politesse. Sa garnison était composée de quatre mille hommes d'élite. La place, munie d'une artillerie nombreuse, et d'une si

Mon cousin, vous avez signalé par de si belles preuves
le zele que vous avez pour le service du Roy
monsieur mon fils, et je suis tellement persuadée
de l'affection que vous avez pour moy que quand
quelque entreprise ne reussira pas entre vos mains,
je croiray tousjours fort facilement qu'il a esté
impossible de faire mieux, ainsy quelques
remerciemens que contienne vostre lettre de la
fasson dont j'ay pris le succez de Lerida, comme
d'une grace que je vous ay faite, je cognois
fort bien que je ne vous ay rendu que
justice. Mon cousin le card. Mazarin, m'a
rendu compte de l'ample despesche que vous
luy avez faite, et je l'ay chargé de vous faire
sçavoir mes intentions sur ce qu'elle contient
et particulierement sur vre retour par deça

de sorte qu'il ne me reste qu'à vous
asseurer que je suis avec plus de
tendresse que je ne puis vous dire.
              Vre affectionnée cousine
                                ANNE

De Dieppe le m̄e
26° d'Aoust 1647.

vous ai faite, je connais fort bien que je ne

grande quantité de vivres et de munitions de guerre, qu'il eût été difficile de les épuiser en six mois de tranchée ouverte. L'armée française ne montait qu'à seize mille hommes mal payés, et par conséquent mauvais soldats ; le maréchal de Grammont la commandait sous les ordres du prince ; le comte de Marsin et le duc de Châtillon remplissaient les fonctions de lieutenants généraux ; le marquis de la Moussaie, M. d'Arnauld, le comte de Broglie, le chevalier de la Valière, le marquis de la Troussé et le comte de Turenne, celles de maréchaux-de-camp. Condé s'établit dans les lignes du comte d'Harcourt, qui, quelques mois auparavant, avait inutilement bloqué Lérida. La paresse des Espagnols les avait laissés subsister. Le prince les assura par de nouveaux forts, et forma toutes ses dispositions. Dès les premières attaques, le chevalier de la Valière fut tué. Sa mort resta sans vengeance, parce qu'on attendait de jour en jour la grosse artillerie. Ce délai, dont Mazarin était la cause, faisant languir Condé dans une inaction douloureuse, il frémissait contre le ministre ennemi de sa gloire. Pour surcroît de disgrâce, la Sègre, grossie par la fonte des neiges des Pyrénées, déborda avec tant de violence, qu'elle entraîna avec ses eaux rapides tous les ponts de communication. A l'instant Britt, qui suivait toutes les démarches, toutes les situations de l'ennemi, épiant toutes les occasions favorables, sort de la place avec la plus grande partie de la garnison. Profitant de l'absence du prince et du maréchal occupés à prendre quelques châteaux, il fond sur le quartier de Marsin, abandonné à ses propres forces, vous ai rendu que justice. Mon cousin le Car-

et qui avait envoyé la cavalerie fourrager à quelques lieues du camp. Marsin s'arme de tout son courage. Il se présente d'un air intrépide à la garnison de Lérida, et soutient pendant près de deux heures tous les efforts des Espagnols. Animés par l'exemple de leur chef, les Français font des prodiges : ils repoussent le gouverneur, attaquent, renversent quatre cents chevaux embusqués dans les masures d'un faubourg. L'ennemi, déconcerté, cherche son salut dans la fuite. Les vaincus se jettent dans la rivière, et regagnent à la nage les remparts de leur ville. Cependant Condé revient au camp, rétablit les ponts, et dispose deux attaques. L'une, qu'il conduit lui-même, embrase une vieille église changée en forteresse et située à deux cents pas de la ville. L'autre, dirigée par Grammont, est dressée vers une chapelle non moins fortifiée que le temple. Le 28 mai, le régiment de Champagne ouvre la tranchée en plein jour avec toutes les démonstrations de joie et de l'espérance. Tout répond d'abord aux vœux des assiégeants. Les progrès sont rapides. L'officier, le soldat même, animés par ce succès, se livrent avec ardeur aux travaux pénibles de la guerre que leur général partage avec eux; mais bientôt tout change. Le découragement succède tout-à-coup à cette allégresse martiale. Les obstacles qui se rencontrent à chaque pas dissipent la douce illusion qui jusqu'alors avaient séduit les esprits. En vain le prince prie et menace; en vain il punit et récompense; le guerrier, immobile, se refuse à d'inutiles fatigues. Britt, qui avait vu tranquillement les premières approches des Français, s'aperçoit qu'il est

dinal Mazarin m'a rendu compte de l'ample

temps d'agir ; il redouble le feu de son artillerie et de sa mousqueterie. Il prépare chaque jour des sorties terribles et meurtrières. Plusieurs fois il nettoie la tranchée, détruit les travaux, renverse les batteries. Dans l'une de ces actions, qui fut la plus sanglante du siége, il se précipita sur la tranchée de Condé, suivi de plus de la moitié de sa garnison. En moins de quelques minutes, il massacra tous les mineurs, brûla les fascines, encloua le canon, blessa à la tête et prit M. d'Arnaud. Déjà le régiment suisse de Bromine, effrayé d'un si grand désastre, avait abandonné tous les postes, lorsque Condé accourt lui quatrième. D'abord il force les Suisses, à grands coups d'épée, de retourner à la tranchée ; il dégage d'Arnaud, regagne, à découvert et sous le feu de la place, tous les postes abandonnés, et oblige le gouverneur à chercher un asile dans Lérida. Cette victoire est d'autant plus remarquable, qu'elle est remportée par les mêmes Suisses qui, un peu auparavant, avaient paru si épouvantés : tant il est vrai que, pour l'ordinaire, les soldats sont seulement des instruments dont toute la force consiste dans l'ame qui les dirige.

Le prince, après cet exploit, se hâta de rétablir les ouvrages. Cinq jours entiers sont employés à ce pénible travail ; on se porte aux attaques avec une nouvelle ardeur. Britt, étonné de tant de constance, résolut de tout hasarder pour arrêter des progrès qui pouvaient bientôt lui devenir funestes. Le 11 de juin, dans l'instant même que Condé quittait la tranchée pour aller dîner chez le comte de Marsin au-delà de la Sègre, la garnison presqu'entière sort de dépêche que vous lui avez faite, et je l'ai

---

Lérida et tombe sur le régiment de Montpouillou, à la tête duquel le marquis de la Moussaie gardait les travaux. Le succès des assiégés fut rapide. Une partie du régiment est taillé en pièces : l'autre se conserve par une prompte retraite. La Moussaie défend presque seul la batterie, n'ayant d'autre espoir que de périr l'épée à la main. Au bruit effroyable qui se fait entendre, le prince, prêt à passer la rivière, s'arrête, prête l'oreille, distingue les clameurs, en devine la cause, donne des ordres, et court à bride abattue vers la tranchée, dont les ennemis étaient maîtres. Le premier objet qui frappe ses regards, ce sont ces mêmes Suisses qui, dans une autre occasion, avaient pris la fuite, et qui, dans celle-ci, réparaient leur honneur par des faits d'armes héroïques. A la vue du prince, ils remplissent l'air des cris d'allégresse; leur fureur guerrière se ranime, et, dans la joie d'avoir Condé pour témoin de leurs exploits, ils témoignent tant d'audace et de fierté, que l'auguste général n'eut besoin que de leurs secours pour triompher des Espagnols et regagner les postes perdus. Cependant l'infatigable Britt, dangereusement blessé, se faisait traîner en chaise sur les remparts et à la brèche, encourageant le soldat, plus encore par ses actions que par ses paroles, augmentant sans cesse le feu de son artillerie, paraissant enfin déterminé à s'ensevelir sous les débris de la place. Malgré sa défense héroïque, Lérida eût succombé, si ce prince eût reçu de la France le nombre de troupes et la quantité de munitions qui lui avaient été promis. Tout-à-coup le prince de Condé apprend qu'une armée espagnole, une fois supérieure à la chargé de vous faire savoir mes intentions sur ce qu'elle contient, et particulièrement sur votre retour par-deça, de sorte qu'il ne me reste qu'à vous assurer que je suis avec plus de tendresse que je ne puis vous dire,

Votre affectionnée Cousine,

ANNE.

---

sienne, s'approche pour le combattre. Accoutumé à se regarder comme invincible, doit-il céder à un ennemi tant de fois vaincu ? L'amour de la patrie l'emporte sur celui de la gloire ; il assemble ses capitaines, et leur expose son projet de retraite : on la fit heureusement le 17 de juin.

Lettre *du Cardinal Mazarin au Prince Henri de Bourbon.*

Bordeaux, 26 juin 1660.

Monsieur,

Le sieur Akakia étant arrivé depuis quelques jours de Pologne, avec des commissions où j'ai trouvé votre nom mêlé bien avant, et sur lesquelles on demande une prompte et précise résolution, j'ai cru que pour gagner du temps, il était à propos qu'il se rendît en diligence près de vous, pour vous informer de ce qui se passe, afin qu'on puisse le renvoyer du lieu même où vous rencontrerez Leurs Majestés dans leur marche. Je n'entrerai point cependant dans la matière, et me contenterai de vous dire, seulement par avance, que le roi ne prendra d'autre intérêt en l'affaire, que celui même que vous desirerez; et qu'en mon particulier, étant votre serviteur au point que je le suis, je ne puis avoir autre but que celui de votre avantage et de votre plus grande satisfaction. Ainsi ce sera à vous seul à prendre vos résolutions, et à me faire savoir de quelle manière vous souhaitez qu'on s'y conduise. Cependant je demeure,

Monsieur,

Votre très humble serviteur,

Le Cardinal MAZARIN.

Lettre de M. de Louvois au Prince de Condé.

A Versailles, ce 6 décembre 1672.

Je répondrai, en peu de mots, par cette lettre, à celle dont il a plu à Votre Altesse de m'honorer le 1er. de ce mois. Le roi n'oubliera rien pour avoir des alliés en Allemagne, et tâcher de se mettre en état d'opposer des Allemands aux Allemands; il en fera de même pour faire armer les Suédois; mais comme il est fort incertain de ce qui réussira de ces négociations-là, et que celui qui est le premier armé en Allemagne donne d'ordinaire la loi, S. M. croit avoir raison d'appréhender qu'elle ne tire pas un grand secours de tout ce qui a été proposé à cet égard aux Allemands; et que les Suédois, quand ils prendraient la résolution de s'armer, ils ne seraient pas en état d'entrer avant la fin du mois de juin en Allemagne. C'est pourquoi S. M. croit qu'il est bon de faire son projet comme si elle ne devait tirer aucun secours des princes d'Allemagne. A l'égard de ceux qui sont alliés du Roi dans cette guerre, il n'y a pas d'apparence que M. l'électeur de Cologne manque; mais il est si faible qu'il sera toujours plutôt à charge que d'un grand secours ; et pour M. de Munster, il assure qu'il demeurera ferme. Mais, quand il tiendrait parole, il aura toujours assez d'affaires pour soutenir ses conquêtes contre les Hollandais.

S. M. a été fort aise d'apprendre que la voiture d'argent ait passé.

Je ne dis rien à Votre Altesse sur ce qui regarde Nancy, ma dernière lettre pour monseigneur le Prince vous devant avoir fait connaître les intentions du roi à cet égard.

Je me donne l'honneur d'adresser à Votre Altesse une copie de la relation qui m'a été envoyée, de l'avantage que les troupes du roi ont eu sur celles des Hollandais, dans le département de M. de Luxembourg.

Je suis, avec le respect que je dois,

Monseigneur,

De Votre Altesse,

Le très humble et très obéissant serviteur,

DE LOUVOIS.

Dans ce moment, je reçois des nouvelles de Liége du 4, qui portent que le prince d'Orange, après avoir marché jusque sur la Roër sans avoir pu battre M. de Duras, remarchait du côté de Maestricht, où il y avait douze pièces de gros canons chargées sur des chariots; et que le sieur Leroy, commandant à Mazeik, ayant été informé du brûlot qui était parti de Maestricht, avait envoyé quarante médiateurs au-devant, qui l'avaient brûlé à une lieue et demie de Maestricht, à la vue de quatre-vingts médiateurs hollandais qui n'avaient osé s'y opposer. L'on commence à parler de paix en Hollande, et à faire des prières publiques pour que les médiateurs la puissent obtenir.

Je crois que le roi tirera six mille hommes de pied effectif de M. de Savoie, et qu'ils commenceront à marcher dans cinq ou six jours.

Lettre *du Maréchal de Bellefond au Prince de Condé.*

Au camp proche de Linnik, ce 9 mai 1674.

Nous avons quitté les conquêtes de Hollande ; on aurait tort de dire que la peur nous y ait obligés, puisque nous étions les maîtres de la campagne. M. le Prince d'Orange a fait embarquer et passer en Brabant toutes ses troupes sans exception, et laissé seulement de la milice dans les places. Cologne tremblait à notre passage ; M. de Lisola ne s'y étant pas trouvé en sûreté, s'est retiré à Bonn avec assez de précipitation : si j'avais été le maître de mon temps, j'y aurais montré trente-deux bataillons que j'ai ici ; et sans leur déclarer la guerre, ni commettre ma réputation, j'oserais assurer Votre Altesse que j'aurais retiré M. l'électeur et l'argent du roi de leurs mains, et je ne sais si je ne les aurais pas délivrés de la garnison de l'empereur. Tous les bourgeois de Ruremonde et de Wenloo portent leurs meubles à Gueldres, et l'on ne saurait croire l'étonnement des peuples qui, selon les apparences, n'est guère moindre parmi les gens de guerre.

Il ne me reste, Monseigneur, qu'à vous parler des traités des alliés; celui de M. de Munster est fait; il remet les choses en l'état où elles étaient avant la guerre, renonce aux traités qu'il avait faits, et rentre dans les intérêts de l'empire dont il suivra les mouvements: il cherche à vendre ses troupes; il a quatre mille chevaux assez bons; son infanterie n'est pas en si bon état.

L'empereur veut retenir Bonn et les paysages d'Andernach, Cologne et Linn, pour payer la garnison; c'est le revenu qui restait à M. de Cologne. M. de Strasbourg ni le prince Guillaume ne sont point compris dans le traité que l'on propose : aussi il ne l'a pas voulu signer, et s'il persiste à vouloir soutenir les trois places qui lui restent sur le Rhin, l'on ne doit pas douter que les progrès des armes du Roi pendant la campagne, ne les mettent en état d'obtenir de meilleures conditions.

Voilà, Monseigneur, tout ce que je sais. Votre Altesse recevra, s'il lui plaît, la protestation de mes services très humbles et l'assurance de mes respects.

Le Maréchal de BELLEFOND.

Monseigneur

Je viens tout a cette heure de savoir
que les ennemis se sont saisis du
poste de manheim ou estoint quelques
dragons de Mr vose comme V.A. scait
ils sont aussi fait deux ou trois
grands bateaux Je m'en vay marcher
en diligence a Suflosti? de manheim
on dit que les ennemis ont un fort beau
lieu a si pouvoir retrancher en diligence
Cest

Monseigneur

de V.A.S. le tres humble
et tres obeissant
serviteur
Molene

Lettre *du Prince de Condé à M. de Louvois.*

23 mai 1673.

J'ai vu avec bien de la joie ce que vous avez fait sur l'affaire de Madame de Longueville et l'ordre qu'il a plu au roi de donner pour faire revenir Madame de Nemours, dont je vous prie de remercier très humblement Sa Majesté de ma part, et de la bonté qu'elle a de vouloir prendre connaissance de leur différent et d'y mettre la dernière main. Je ne vois que ce seul moyen pour arrêter le cours des violences de Madame de Nemours, qui apparemment n'en demeurerait pas là si S. M. n'avait la bonté de s'en mêler. Au reste, cette action me paraît dans toutes ses circonstances la plus vilaine dont on ait jamais ouï parler. Je crois qu'elle vous l'aura paru de même qu'à moi: je vous demande en cela la continuation de vos bons offices pour Madame de Longueville auprès du roi; elle met tous ses intérêts entre les mains de S. M., et veut tout tenir de sa protection et de sa bonne justice.

M. d'Estrade m'a écrit et m'a fort prié de le faire servir en campagne, offrant même d'obéir à M. de Luxembourg. Comme cela ne dépend pas de moi, je ne lui ai pas fait de réponse là-dessus. Je vous prie de savoir quelle sera sur cela l'intention de S. M., et de me la vouloir mander.

Le Prince de CONDÉ.

LETTRE *de M. Letellier au Prince de Condé.*

Chanville, 24 mai 1674.

MONSEIGNEUR,

Je reçois dans ce moment, par un exprès venu de Paris, l'avis de la prise de la citadelle de Besançon, qu'un huissier de l'antichambre du roi a porté; je me donne l'honneur d'en envoyer la relation à Votre Altesse, par ordre de S. M.; et afin de ne pas retarder la joie que Votre Altesse en aura, je fais partir un courrier en toute diligence pour rejoindre celui de Liége qui est parti cejourd'hui de Paris. J'ajoute à cette relation que j'ai vu par des lettres particulières que le sieur de Mesgring, lieutenant de roi de la citadelle de Tournai, a été choisi par le roi pour commander en ladite citadelle de Besançon, qu'il y mènera sa compagnie de mineurs; et que le sieur Leurchère ira en sa place à Tournai.

Je suis toujours avec le respect que je dois,

MONSEIGNEUR,

De Votre Altesse,

Très humble et très obéissant serviteur,

LETELLIER.

Lettre *du Roi au Grand-Condé.*

Mon Cousin,

Je n'ai pas de peine à croire ce que vous m'écrivez de votre joie pour la prise de Besançon, sachant combien ma gloire vous touche. J'espère que nous ne serons pas long-temps sans avoir de votre côté des succès qui ne contribueront pas moins à la réputation de mes armes. J'attends avec impatience des nouvelles de l'entreprise que vous avez formée pour cet effet. Cependant vous devez toujours être assuré de mon amitié, et que c'est de bon cœur que je prie Dieu de vous avoir, mon Cousin, en sa sainte et digne garde.

Au camp près Dôle, le 7 de juin 1674.

LOUIS.

Mon cousin je n'ai pas de peine a croire ce que vous m'escrivés l'eure joije pour la prise de besançon sachant combien ma gloire vous touche. J'espere que nous ne serons pas longtemps sans avoir de vos costé des succes qui ne contribueront pas moins a la reputation de mes armes. J'attens avec impatience des nouvelles de l'entreprise que vous aurés formée pour cet effet. Cependant vous devés estre asseuré de mon amitié et que c'est de bon cœur que je prie Dieu de vous avoir mon cousin en sa s.te et digne garde. Au camp près dole le 7 de juin 1674.

LETTRE *de M. Letellier au Prince de Condé.*

Chanville, 8 juin 1674.

MONSEIGNEUR,

L'ordinaire m'a apporté à midi la lettre que Votre Altesse m'a fait l'honneur de m'écrire le 5 de ce mois du camp de Thumon; et trois à quatre heures après, un courrier dépêché par mon fils, est arrivé, et les lettres dont il était chargé portent que le 6, à deux heures après midi, la ville de Dôle avait battu la chamade; que le soir la capitulation avait été signée, et qu'elle portait entre autres choses, que le lendemain à neuf heures du matin la garnison devait sortir pour aller dans le Milanès; que Monseigneur le Dauphin était dans le camp quand la ville demanda à capituler; que le roi devait cette nuit-là coucher en un village appelé Chavan, à une lieue du camp, où la reine s'était avancée; que Leurs Majestés devaient le lendemain voir sortir la garnison, et que le samedi suivant elles avaient résolu de prendre la route de Salins pour loger aux environs de cette place, et qu'un officier-général, que l'on croit être M. de Luxembourg, devait en aller faire le siége; que Monsieur avait aussi résolu de partir samedi pour se rendre en quatre jours à Paris.

Les mêmes lettres portent qu'un courrier de Pologne était arrivé à la cour le cinquième, et qu'il y avait porté la nouvelle de l'élection faite unanimement, le 21 du mois passé, du grand maréchal Sobieski pour roi de Pologne; et que le roi avait donné au sieur La Ratière, lieutenant-colonel du régiment de Lyonnais; le gouvernement du château de Joux.

Dans cet endroit, l'ordinaire de la cour m'a apporté la relation ci-jointe de M. Rose, qui contient ce qui a précédé la réduction de la place depuis le deuxième. Je suis toujours, avec le respect que je dois,

MONSEIGNEUR,

De Votre Altesse,

Le très humble et très obéissant serviteur,

LETELLIER.

Lettre du Prince de Condé au Roi.

19 juin, 1674, à minuit.

Sire,

Je n'ai pas manqué de faire connaître aux officiers de cavalerie ce que Votre Majesté m'a fait l'honneur de m'écrire. Ils m'ont tous promis qu'ils feraient les derniers efforts pour tâcher de plaire à Votre Majesté. Je m'assure, Sire, que Votre Majesté me fait bien la justice de croire que, sans des raisons bien fortes et bien pressantes, je ne laisserais pas son armée inutile, dans un temps où elle me fait l'honneur de me témoigner qu'elle desire qu'elle soit employée à quelque chose. Je n'ennuierai pas Votre Majesté par un long récit de toutes ces raisons : je les écris à M. de Louvois, pour lui en rendre compte; je la supplie seulement de croire que rien ne m'est si cher que son service; mais je n'ai pas cru que je dusse rien faire présentement pour les raisons que je mande à M. de Louvois, sans avoir auparavant reçu les ordres de Votre Majesté. Je me tiendrai prêt pour les exécuter au moment que je les aurai reçus, et je ne me croirai jamais si heureux que quand je pourrai lui faire connaître, par mes actions, le zèle et le respect avec lequel je suis,

Sire,

De Votre Majesté,

Le très humble et très fidèle sujet,
Louis de BOURBON.

Mais comme je vois bien que le S.r de Briord sçait
le party qu'il sera retourner auprès de vous
je ne puis remettre jusque son départ
les marques de ma joye pour le nouvel
avantage que vous avés remporté
sur les ennemis au combat de bœuf
je ne m'en réjouys pas seulement par
la considération de la gloire de nos armes
et du bien de mon service, le nouvel
esclat que cet important succès apporte
à v.re reputation n'est pas qu'il ne semble
rabattre que j'ay pour v.re personne
L'unique chose qui me fait peine est
la grandeur des pertes où nous et mon
cousin le duc d'Anghien nous est contenu
chacun en ce que durant nous l'affaire
ils m'eut trouvé oecason mais je me promets
qu'à l'avenir nous aurons plus d'esgard

tiens et l'autre à Mons.r S.g qui m'est si cher
et qui fait partie du mien cependant
vous me ferez plaisir de tesmoigner a
tous les officiers g[é]n[é]raux et p[articuli]ers que vous
avez fy bien seconsté qu'il ne se peut rien
adjouter à la satisfaction que j'ay de
leurs services en ayant appris le detail
et par le recit du S.r de Brord et leurs
relations avec une extresme cure n'esperaa
jamais j'ay les oublies ny de perdre la
moindre occasion d'en recompenser le
merite et sur ce je prie dieu qu'il vous
ayt mon cousin en sa s[ain]te et digne garde
a Versailles le 16 decembre 1674

LOUIS

Lettre *de Louis XIV au Grand-Condé.*

Mon Cousin,

Bien que le sieur de Brioul soit sur le point de s'en retourner auprès de vous, je ne peux remettre jusqu'à son départ les marques de ma joie, pour le mémorable avantage que vous avez remporté sur les ennemis, au combat de Senef. Je ne m'en réjouis pas seulement par la considération de la gloire de mes armes et du bien de mon service; le nouvel éclat que cet important succès ajoute à votre réputation, n'est pas moins sensible à l'amitié que j'ai pour votre personne. L'unique chose qui m'a fait peine, est la grandeur des périls où vous et mon cousin le duc d'Enghien avez été continuellement exposés durant une si longue et si meurtrière action. Mais je me promets qu'à l'avenir vous aurez plus d'égards l'un et l'autre à un sang qui m'est si cher, et qui fait partie du mien. Cependant vous me ferez plaisir de témoigner à tous les officiers généraux et particuliers qui vous ont si bien secondé, qu'il ne se peut rien ajouter à la satisfaction que j'ai de leurs services, en ayant appris le détail, et par le récit du sieur de Brioul, et par ses relations, avec une estime qui ne me permettra jamais de les oublier ni de perdre la moindre occasion d'en récompenser le mérite. Et sur ce, je prie Dieu qu'il vous ait, mon Cousin, en sa sainte et digne garde.

A Versailles, le 16 d'août 1674.

LOUIS.

LETTRE *de M. Letellier au Prince de Condé.*

Chanville, 22 juin 1674.

Monseigneur,

Je me donnai hier l'honneur d'adresser à Votre Altesse une lettre que j'avais reçue de M. Charuel, par laquelle il me donnait avis de ce qu'il avait appris du courrier qui passait à Vaney, pour aller porter au Roi la nouvelle du gain de la bataille donnée par M. de Turenne contre MM. de Lorraine et Caprara. J'en reçois présentement la relation de la part du roi, avec ordre de l'adresser à Votre Altesse, et de lui faire savoir que S. M. desire qu'elle en fasse faire, dans l'armée qu'elle commande, les réjouissances accoutumées en pareille occasion, et qu'un avantage si considérable dans les conjonctures présentes, peut mériter.

Je suis toujours avec respect,

Monseigneur,

De Votre Altesse,

Très humble et très obéissant serviteur,

LETELLIER.

Lettre *de M. de Louvois au Grand-Condé.*

26 juin 1675.

Le roi vient d'avoir nouvelle que l'armée du Prince d'Orange et des Espagnols, fortifiée de la cavalerie de Lunebourg et des Lorrains, est partie ce matin d'auprès Ruremonde, pour, à ce que l'on dit présentement dans cette armée, retourner sur Diest. S. M. partira demain à la pointe du jour, pour s'avancer au moins où je l'ai mandé à Votre Altesse, et probablement jusqu'à Tirlemont.

Je suis, avec le respect que je dois,

Monseigneur,

De Votre Altesse,

Très humble et très obéissant serviteur,

LOUVOIS.

ce 25 a dix heures du soir

Le Roy vient d'avoir nouvelle que l'armée
du Prince d'Orange et des Espagnols fortifiée
de la Cavallerie des Lunebourgs et des Lorrains
est partie ce matin d'auprez de Ruremonde
pour, a ce que l'on dit presentement dans cette
armée, retourner sur Diest; Sa Ma.té partira
demain a la pointe du jour pour s'advancer
au moins ou j'ay mandé á V.A. Et probablement
jusques a Tirlemont. je suis avec le respect
que je doibz

Monseigneur de V.A.

Tres humble et tres obeissant
serviteur,

Mgr le Prince

Lettre *de M. de Louvois au Grand-Condé.*

Ce mercredi, 26 juin 1675, à 7 heures du soir.

J'ai reçu la lettre que Votre Altesse m'a fait l'honneur de m'écrire aujourd'hui à une heure après midi. J'ai eu l'honneur de mander à Votre Altesse, ce matin, qu'il n'y avait point hier de troupes à Diest; présentement je l'assurerai qu'à trois heures après midi, il n'y avait qu'un commissaire des troupes d'Espagne, qui est arrivé ce matin avec trente chevaux d'escorte, et que l'on y disait que les plus avancées troupes des ennemis étaient encore à plus de douze lieues de là. Le Roi attend des nouvelles de la marche des ennemis, et fait état, s'il n'en a point entre ci et demain matin, de s'avancer sur la rivière de Geetz qui va tomber à Lean, afin d'être à portée de pouvoir remarcher en arrière ou de s'avancer à Boursircen en une marche, suivant la nouvelle que S. M. aura de la route que prendront les ennemis. S. M. sera bien aise que Votre Altesse lui donne promptement son avis sur cela, et me paraît même en disposition de s'avancer jusqu'à Tirlemont si vous le jugez à propos, sur quoi elle attendra de vos nouvelles. Ce qui lui avait fait penser de ne marcher pas si avant, c'était pour être en état de pouvoir marcher en arrière si les ennemis prenaient le parti de se venir poster à Dipenbrek, comme l'on dit que le bruit en court dans leur armée.

Je suis, avec le respect que je dois,

MONSEIGNEUR,

De Votre Altesse,

Très humble et très obéissant serviteur,

LOUVOIS.

Lettre *du Grand-Condé à M. de Louvois.*

Au camp de Gamshorst, ce 25 juillet 1675.

Je fus avant-hier, avec quelques cavaliers, jusqu'à Gamshorst, et m'en étant revenu au quartier, je commandai les dragons à minuit, afin de voir si les ennemis prenaient ce poste de Gamshorst. Ils trouvèrent la nuit un grand corps à une heure de mon quartier; ce qui obligea M. de Boufflers de se retirer jusqu'à la petite-garde en escarmouchant toujours, et voyant qu'on voulait le couper à un quart d'heure de jour. L'ennemi, qui avait un très grand corps que le prince Charles commandait, et qui était venu pour enlever le quartier de M. le chevalier Duplessis, poussa la tête des dragons et cent cinquante maîtres commandés. M. de Vaubrun qui s'y trouva fit très bien, et fût blessé au pied sans aucun danger; néanmoins cela l'empêchera de servir sitôt. M. de Ranne s'y rencontra aussi, qui fit tout ce qui se put en pareille occasion; et M. de Lillebonne, qui y était allé et n'avait pas voulu le quitter, y reçut trois coups d'épée dans ses habits.

Comme le jour commençait, on fit avancer

de l'infanterie; M. de Boufflers ayant arrêté, jusqu'en ce temps-là, un corps de quatre ou cinq mille chevaux ou dragons de l'ennemi, M. le chevalier Duplessis se mit à la gauche, et M. de Sault, qui était de jour, à la droite, dans des lieux avantageux, et firent avancer avec tant d'ordre l'infanterie, que l'ennemi, après avoir tenu ferme un peu de temps, commença à se retirer avant que le jour fût grand.

On dit qu'il a perdu assez de gens. Quoiqu'il n'en soit pas demeuré plus de vingt ou vingt-cinq sur la place, M. de Tracy étant seul, et croyant voir une des troupes de l'armée du Roi, se mit au milieu de celles de l'ennemi, et ainsi fut fait prisonnier.

Il y a eu quelques officiers et soldats de Rouergue tués ou blessés, le régiment ayant très bien fait, de même que les commandés de Champagne.

Je marchai dans le même temps, et vins hier près dudit lieu de Gamshorst, à un demi-quart d'heure du pont que j'ai sur la Reuchen dont je vous ai parlé.

J'oubliais à dire que Caprara, avec un corps de cavalerie de l'armée ennemie et l'infanterie qu'il avait tirée de Fribourg, devait attaquer le quartier de M. le chevalier Duplessis, de l'autre côté de l'eau, en même temps que le prince Charles, en deçà.

Je vins hier près de Gamshorts, à un demi-quart d'heure du pont que j'ai sur la Reuchen, dont vous avez déjà été informé; et m'ayant été rapporté ce matin qu'il y avait beaucoup de bruit dans le camp des ennemis, j'ai été vers ledit pont sur la Reuchen; et ayant remarqué qu'il n'y avait rien, je suis revenu du côté dudit village de Gamshorts, où j'ai trouvé de l'infanterie des ennemis qui s'était saisie d'une église et d'un cimetière, et quelques troupes de cavalerie qui la soutenaient. Et m'étant un peu plus avancé, j'ai aussi vu un corps d'infanterie et les ennemis qui barricadaient un village qui soutenait cette église.

J'ai aussitôt fait avancer de l'infanterie d'un côté, et les dragons de l'autre. La marine royale était à la tête; le camp s'étant ainsi trouvé disposé, et Rouergue après, et ensuite les deux bataillons de Montmouth. L'ennemi étant dans une très bonne église, avec un cimetière qui a de bonnes murailles, soutenu de quinze cents hommes de pied, que Leslé, lieutenant de maréchal-de-camp, commandait, et Rabatta, la cavalerie. Il y avait de la difficulté de le forcer. M. d'Hocquincourt a été tué, et Boisselau en se logeant près de là. On a fait avancer quatre petites pièces de canon, et à la quatrième volée, l'infanterie a donné, le corps du régiment royal de la Marine tout entier, et Rouergue aussi, et les Anglais par gens commandés, qui, avec leur cri ordinaire et par leur mouvement, ont donné beaucoup de chaleur à l'action. M. de Feuquiers y a très bien fait, et aussi M. de Montpéroux, ayant été fort bien suivis des officiers et soldats de leurs régiments.

Il y a eu plus de quatre-vingts hommes de l'ennemi tués et autant de prisonniers, dont il y a le lieutenant-colonel du régiment de Souches. M. le chevalier Duplessis, qui a le soin de l'infanterie, a eu une petite contusion, et M. de Rubentel une un peu plus forte. M. le comte d'Auvergne était de jour. M. de Boufflers avec les dragons y a très bien fait. On a poussé les ennemis jusqu'au-delà du pont, et ils se sont retirés dans leur camp.

Je mande ceci légèrement, et je ne peux m'empêcher d'ajouter que c'est un dommage extrême d'avoir perdu M. d'Hocquincourt. J'ai envoyé plus de deux cents prisonniers.

Deux charrettes de munitions de l'ennemi

se sont égarées et sont venues à nos gardes avancées au lieu d'aller à cette église, et ont été prises. Je crois qu'au commencement l'ennemi ne voulait que couvrir les fourrageurs ; mais Leslé qui commandait, voyant un si beau poste, manda au quartier-général qui n'en était qu'à une heure, qu'il le soutiendrait. Il y a quelques officiers d'infanterie blessés, mais très peu, dont on enverra la liste par le premier ordinaire.

TURENNE.

Lettre de M. de Louvois au Grand-Condé.

Versailles, 30 juillet 1675.

Les dépêches du roi qui sont ci-jointes, informeront si particulièrement Votre Altesse du funeste accident arrivé à M. de Turenne et des résolutions que S. M. vient de prendre, que je n'ai rien à y ajouter que pour informer Votre Altesse du choix que le roi vient de faire de huit maréchaux de France, qui sont MM. de Noailles, d'Estrades, de Schomberg, de Duras, de Vivonne, de Lafeuillade, de Luxembourg et de Rochefort. Je prends la liberté d'adresser à Votre Altesse, dans ce paquet, les lettres par lesquelles j'en donne part à ceux qui sont auprès de vous.

S. M. a trouvé bon, en même temps, de faire une ordonnance qui porte qu'ils tiendront rang entr'eux, du temps qu'ils ont pris jour de lieutenant-général dans ses armées; et parce que M. de Vivonne ne l'a pas été dans les armées de terre, il tiendra rang à son égard, du jour qu'il a été pourvu de la charge de général des galères. S. M. a résolu aussi de faire une autre ordonnance qui porte, qu'ayant reconnu les inconvénients qui arrivent quand des armées se trouvent commandées par des personnes égales en commandement, S. M. ordonne que, lorsque deux personnes de même dignité se trouveraient naturellement, suivant l'ancien usage, commandant une armée ou un corps de troupes, le plus ancien en dignité la commandera jusqu'à ce que S. M. y ait autrement pourvu, et avec la même autorité sur celui qui sera le moins ancien, que s'il avait une dignité au-dessus de lui.

Je supplie très humblement Votre Altesse de vouloir bien faire donner à M. de Luxembourg les copies des chiffres tant généraux que particuliers, aussi bien que les états des garnisons qu'elle a.

Je suis, avec le respect que je dois,

MONSEIGNEUR,

De Votre Altesse,

Très humble et très obéissant serviteur,

LOUVOIS.

Le roi me commande d'ajouter ce mot, pour dire à Votre Altesse que S. M. desire que les quatre bataillons que vous devez faire marcher, soient deux des gardes françaises, et ceux d'Enghien et Condé, et que ce soit M. de Chaseron qui les commande. S. M. sera encore bien aise que le régiment de St.-Aignan demeure en Flandre.

J'oubliais à dire à Votre Altesse, que le roi desire qu'elle fasse marcher avec les susdits corps, sous M. de Chaseron, cinq caissons et deux commissaires des guerres.

Lettre *de Louis XIV au Prince de Condé.*

Versailles, 30 juillet 1675.

Mon Cousin,

Je ne vous puis mieux informer de ce qui est arrivé à mon Cousin le vicomte de Turenne, de l'état de mon armée en Allemagne, et des ordres que j'ai donnés de ce côté-là, qu'en vous envoyant les copies qui seront ci-jointes, de la lettre que je reçus hier du sieur Charuel par un courrier exprès, et des ordres que j'ai envoyés cette nuit à mon Cousin le Duc de Duras et audit sieur Charuel. Depuis, ayant considéré que le bon ou le mauvais succès de cette guerre, dépend principalement de ce qui se passera en Allemagne entre ci et la fin de la présente campagne, j'ai cru ne me pouvoir reposer de la conduite de cette armée sur personne autre que vous, et ne doutant point que votre affection au bien de mon service ne vous fasse exécuter avec plaisir ce que je desire de vous dans une occasion si importante, je vous fais cette lettre pour vous dire que mon intention est que vous et mon Cousin le Duc d'Enghien vous rendiez avec toute la diligence qui vous sera possible en mon armée d'Allemagne, prenant le chemin que vous estimerez plus à propos et le plus court s'il se peut ; que vous emmeniez avec vous mes cousins les Maréchaux de la Feuillade et de Rochefort, et laissiez à mon cousin le Maréchal de Luxembourg le commandement de l'armée de Flandre, lui donnant toutes les instructions que vous jugerez nécessaires sur la conduite qu'il devra tenir, et ce qu'il devra faire pour s'opposer aux entreprises que le Prince d'Orange pourrait vouloir faire ; et le plus qu'il se pourra, faire tenir mon armée sur le pays ennemi, et empêcher celle des ennemis de venir sur le mien ; ce que ne doutant pas que vous n'exécutiez avec le zèle et l'affection que vous avez pour mon service et le bien de mon État, je ne vous fais la présente plus longue que pour vous dire que j'aurai en particulière recommandation les services que vous me rendrez en ce rencontre. Sur ce, je prie Dieu qu'il vous ait, mon Cousin, en sa sainte et digne garde.

LOUIS.

Lettre *de Louis XIV au Grand-Condé.*

6 Novembre 1675.

Mon Cousin,

Ayant fait expédier mes ordres pour envoyer en quartier d'hiver les troupes de mon armée que vous commandez, je vous adresse un contrôle des lieux que j'ai destinés pour leurs logements, et je vous écris cette lettre pour vous dire que mon intention est qu'aussitôt que vous saurez que l'armée impériale aura repassé le Rhin, vous expédiez vos routes à mesdites troupes pour les faire rendre jusqu'aux lieux marqués à côté dudit contrôle, où les miennes leur seront délivrées pour aller dans leurs quartiers d'hiver; que vous fassiez mettre chaque troupe en marche; qu'à l'égard de celles que j'ai résolu de faire demeurer en Alsace, vous les envoyiez dans les quartiers que je leur ai choisis, trouvant bon que vous y fassiez tels changements que vous estimerez à propos pour leur sûreté et la commodité de leurs logements et subsistances; que pour empêcher l'accablement que toutes les troupes qui partiront d'Alsace causeraient dans les lieux de leur passage, vous observiez, autant qu'il se pourra, de ne point faire partir ensemble celles qui tiendront une même route, et parce que j'ai reçu diverses plaintes des désordres que les troupes de mes armées commirent l'année dernière allant en leurs quartiers d'hiver, et que je ne veux point souffrir qu'elles en fassent aucun à l'avenir, je desire que vous fassiez savoir à tous les commandants que j'ai donné mes ordres pour envoyer après eux dans tous les lieux où ils doivent passer, pour être particulièrement informé de ce qui s'y passera; et que s'il arrive qu'aucune desdites troupes ait reçu l'étape pour un plus grand nombre d'hommes que celui dont elle est effectivement composée, ou qu'elle y ait exigé quelque chose que ce soit plus que l'étape, ou qu'elle y ait commis quelque désordre, tout ce qu'elle aura exigé ou reçu de trop, et ce à quoi sera estimé le dommage qu'elle aura causé, seront retenus sur les premiers mois de sa solde du quartier d'hiver; qu'au même temps que vous ferez séparer mesdites troupes, vous témoigniez aux officiers généraux et majors de madite armée, que je suis bien satisfait des services qu'ils m'ont rendus pendant la campagne, et leur donniez congé pour venir par-deçà, à la réserve de mon cousin le maréchal de Duras, auquel je desire que vous donniez ordre d'aller en Franche-Comté pour continuer à m'y servir; que vous fassiez aussi demeurer en Alsace le sieur de Monclas, et que vous l'y établissiez pour y commander en vertu de l'ordre que je vous adresse pour lui, et que vous y laissiez encore le sieur de Lamotte, brigadier d'infanterie, pour y avoir, sous ledit sieur de Montclas, le commandement; que vous fassiez licencier les équipages d'artillerie et des vivres de madite armée, et fassiez donner congé aux officiers d'artillerie qui y sont employés, après qu'ils auront exécuté les ordres que vous aurez donnés pour faire mettre en magasin toutes les pièces et munitions d'artillerie qui s'y trouveront; que comme je vous ai mandé que je serai bien aise de vous voir bientôt près de moi, je desire que si mon armée n'est pas encore séparée, dans le temps que vous en partirez, vous y laissiez mon cousin le duc d'Enghien pour donner ses ordres à toutes les choses qui seront nécessaires pour le départ des troupes, après lequel je desire aussi qu'il se rende près de moi, où je réserve à vous témoigner de bouche, à l'un et à l'autre, la parfaite satisfaction que j'ai des grands et recommandables services que vous et lui m'avez rendus pendant la campagne; et la présente n'étant pour autre fin, je prie Dieu qu'il vous ait, mon Cousin, en sa sainte et digne garde.

Versailles, le 6 novembre 1675.

LOUIS.

Lettre *du Grand-Condé à M. de Louvois.*

A l'armée, ce 15 novembre 1675.

Depuis la dernière lettre que je vous ai écrite, les nouvelles que j'ai des ennemis confirment qu'ils passent le Rhin pour aller dans leurs quartiers d'hiver. Je vous envoie celles que j'ai reçues de Strasbourg, de Hagnenau et de Philisbourg, par lesquelles vous verrez mieux ce qui en est que par tout ce que je pourrais vous mander. Quoique je n'aie point encore de nouvelles de M. le Maréchal de Rochefort, depuis la marche des ennemis de son côté, il n'y a pas lieu de douter qu'ils ne se retirent aussi, et que bientôt tous les ennemis seront au-delà du Rhin, à la réserve de ce qui demeurera dans Strasbourg, et dans les autres petits postes qui l'environnent en deçà. Vous verrez, d'après la lettre de Philisbourg, qu'il y a peu de viande dans la place, et qu'on me mande s'il faut prendre les vaches de Spire.

Louis de BOURBON.

Lettre du Grand-Condé au Roi.

10 décembre 1686.

Sire,

Je supplie très humblement Votre Majesté de trouver bon que je lui écrive pour la dernière fois de ma vie. Je suis dans un état où je ne serai pas long-temps sans aller rendre compte à Dieu de toutes mes actions; je souhaiterais, de tout mon cœur, que celles qui le regardent fussent aussi innocentes que presque toutes celles qui regardent Votre Majesté. J'ai tâché de remplir tous les devoirs auxquels ma naissance et le zèle sincère que j'avais pour la gloire de Votre Majesté m'obligeaient. Il est vrai que, dans le milieu de ma vie, j'ai eu une conduite que j'ai condamnée le premier, et que vous avez eu la bonté de me pardonner. J'ai ensuite tâché de réparer ma faute par un attachement inviolable à Votre Majesté, et mon déplaisir a toujours été depuis ce temps-là de n'avoir pu faire d'assez grandes choses qui méritassent les bontés que vous avez eues pour moi. J'ai au moins cette satisfaction de n'avoir rien oublié de ce que j'avais de plus cher et de plus précieux pour marquer à Votre Majesté que j'avais pour elle et pour son état tous les sentiments que je devais avoir. Après toutes les bontés dont vous m'avez comblé, oserais-je encore vous demander une grâce, laquelle, dans l'état où je me vois réduit, me serait d'une consolation très sensible : c'est en faveur du prince de Conti. Il y a un an que je le conduis, et j'ai la satisfaction de l'avoir mis dans des sentiments tels que Votre Majesté peut les souhaiter. Ce prince a assurément du mérite, et si je ne lui avais pas reconnu pour vous toute la soumission imaginable, et une envie très sincère de n'avoir point d'autre règle de conduite que la volonté de Votre Majesté, je ne la prierais pas, comme je fais très humblement, de vouloir bien lui rendre, ce qu'il estime plus que toutes choses au monde, l'honneur de ses bonnes grâces. Il y a plus d'un an qu'il soupire et qu'il se regarde, en l'état où il est, comme s'il était en purgatoire. Je conjure Votre Majesté de l'en vouloir tirer, et de lui accorder un pardon général. Je me flatte peut-être un peu trop, mais que ne peut-on pas espérer du plus grand roi de la terre, de qui je meurs comme j'ai vécu,

Très humble et très obéissant serviteur et sujet.

Louis de BOUBON.

P. S. Mon fils vient de m'apprendre, en arrivant, la grâce que Votre Majesté a eu la bonté de me faire en pardonnant à M. le prince de Conti. Je suis bien heureux qu'il me reste assez de vie pour en faire mes très humbles remercîments à Votre Majesté. Je meurs content si elle veut bien me faire la justice de croire que personne n'a eu pour elle des sentiments si remplis de respect et de dévouement, et, si j'ose le dire, de tendresse.

Louis de BOURBON.

www.ingramcontent.com/pod-product-compliance
Lightning Source LLC
Chambersburg PA
CBHW050733170426
43202CB00013B/2268